LISA SOPHIE LAURENT

HALT DIE KLAPPE, KOPF!

Ein **SELFCARE-BUCH** für Tage,
an denen Schokokuchen nicht reicht

FISCHER

1. Auflage 2019
Erschienen bei FISCHER New Media
Frankfurt am Main, Oktober 2019

© 2019 S. Fischer Verlag GmbH, Hedderichstr. 114, D-60596 Frankfurt am Main

Layout und Satz: Christiane Hahn, Frankfurt am Main
Coverfoto: © Stefan Gelberg
Illustrationen: Christiane Hahn S. 114 und 146,
alle anderen Zeichnungen Izabella Markiewicz
Druck und Bindung: Print Consult GmbH, München
Printed in Hungary
ISBN 978-3-7335-0575-2

FÜR MAX

9 ANMODERATION
15 STRESS & LEISTUNGSDRUCK

- 15 Der gestrandete Wal
- 24 Das ist dann wohl Burnout – und was jetzt?
- 30 Übung: Warum bin ich gestresst?
- 31 Übung: Bunte Stresslandschaft
- 35 Übung: Stresscluster

37 WER BIN ICH & WAS WILL ICH?

- 37 Wie finde ich heraus, was ich will?
- 42 Blick nach vorne
- 45 Übung: Was soll sich ändern?
- 45 So sähe meine perfekte Zukunft aus
- 49 Übung: Tagträumen
- 50 Community-Time: Träume
- 52 Ziele erreichen durch Vision-Boards
- 54 Was sind meine Werte?
- 57 Übung: Welche Werte sind mir wichtig?
- 58 Welche Themen sind mir besonders wichtig?
- 60 Übung: Welche Themen bewegen mich?
- 61 Community-Time: Diese Themen sind euch besonders wichtig
- 64 Was sind meine Stärken?
- 65 Übung: Stärken erkennen
- 66 Was inspiriert mich?
- 68 Übung: Inspirationsquellen

69 SELFCARE

- 69 Was ist Selfcare?
- 73 Manchmal braucht es mehr als Basic-Selfcare
- 75 10 Dinge für ein niedriges Energielevel
- 78 10 Dinge für ein hohes Energielevel
- 83 Community-Time: Selfcare
- 86 Ernährung
- 89 Sport

INHALT

- 91 Die Anti-Bucket-List
- 93 Community-Time: Anti-Bucket-List
- 96 Warum ich meine Social-Media-Seiten gelöscht habe
- 100 #Bodygoals & #Relationshipgoals
- 103 #Friendshipgoals
- 108 Übung: Freund*innen für jeden Anlass
- 108 Wie man sich von Freund*innen trennt
- 111 Übung: Verlorene Freundschaften
- 111 Neue Freund*innen finden
- 114 Gastbeitrag von Jana Kaspar / JANAKlar: Selfcare

121 MENTAL HEALTH

- 121 Soziale Angst
- 128 Wie ich heute trotz Sozialer Angst auf Bühnen stehen kann
- 133 Sieben Dates mit mir selbst
- 136 Hochsensibilität
- 146 Gastbeitrag von Maria Popov:
  How to – Menschen mit psychischen Erkrankungen helfen

150 ZEITMANAGEMENT

- 150 Wie ich meinen Alltag organisiere
- 154 Alltagsroutinen
- 155 Morgenroutine
- 157 Abendroutine
- 158 Habit-Tracker für gute Angewohnheiten
- 161 10 Tipps gegen unnötigen Stress
- 164 10 Dinge, die ich übers Lernen gelernt habe
- 178 Übung: Erstellung eines Lernplans
- 181 12 Dinge, die ich in 12 Semestern Uni gelernt habe

186 ABMODERATION
189 DANKSAGUNG
190 HILFSSEITEN

ANMODERATION

HALLO LEUTE!

Zwei Worte, mit denen dieses Buch zwangsläufig beginnen muss, schließlich bin ich YouTuberin, und wenn ich das alles schon ohne Ghostwriter*in schreibe, dann muss ich doch wenigstens irgendeinem Klischee treu bleiben.

Das hier ist ein Buch über Alltagsstress, Leistungsdruck und über einen Kopf, der manchmal einfach nicht die Klappe halten will. Bevor ich aber mehr darüber erzähle, möchte ich mich gern kurz vorstellen: Hi, ich bin Lisa! Ich bin YouTuberin, Journalistin und Moderatorin. Vielleicht seid ihr schon einmal über meine Social-Media-Kanäle gestolpert oder habt das Talk-Format mit dem wohl schönsten Namen der Welt, »Auf Klo«, abonniert, das ich für »funk« von ARD & ZDF moderiere. Ich studiere Politikwissenschaften und Psychologie und sollte damit eigentlich schon längst fertig sein. Weil ich aber unbedingt dieses Buch hier schreiben wollte, muss mein Abschluss noch ein paar Monate warten. Beim Thema Abschluss wird mein Kopf übrigens direkt ein bisschen unruhig, räuspert sich kurz und spult dann die altbekannte Leier ab: »Du studierst schon seit 12 Semestern, Lisa. ZWÖLF! Das ist das Doppelte der Regelstudienzeit. Ja, okay, du arbeitest schon seit dem dritten Semester Vollzeit. Trotzdem enttäuschst du deine Familie, das sieht mies im Lebenslauf aus und was sollen denn bitteschön die Leute denken?« Vielleicht habt ihr gerade beim Lesen genickt, weil euch solche Sätze bekannt vorkommen.

Wir leben in einer Zeit, die superhektisch und stressig ist. Alle stellen Erwartungen an uns: Wir sollen supergute Noten schreiben, damit wir einen Studien- oder Ausbildungsplatz bekommen. Mindestens 37 Praktika absolvieren, damit unser Lebenslauf für die Bewerbung auch voll genug ist. Sofort einen Job finden, bei dem dann die Grenzen zur Freizeit so doll verschwimmen, dass wir auch um 21 Uhr noch Mails und Anrufe beantworten dürfen. Ehrenamtlich arbeiten und uns politisch engagieren, weil der Planet vor die Hunde geht und wir dagegen echt was machen müssen. Regelmäßig Sport treiben, einen tollen Freundeskreis haben, eine vorzeigbare Beziehung führen und das alles möglichst auch noch täglich auf Instagram dokumentieren. #Relationshipgoals, #Friendshipgoals, #Bodygoals. Okay, ich hab da vielleicht an der einen oder anderen Stelle ein bisschen übertrieben, aber die meisten jungen Menschen stehen heutzutage tatsächlich unter enorm großem Druck. Kein Wunder, dass wir da manchmal nicht so ganz wissen, wo uns eigentlich gerade der Kopf steht.

Mein eigener Kopf hatte es in den letzten Jahren auch echt nicht leicht mit mir. Ich habe ihm (und damit natürlich mir selbst) immer und immer wieder eingetrichtert, dass ich all den Ansprüchen unbedingt gerecht werden muss. Deswegen hab ich mir eine Aufgabe nach der anderen aufgehalst, und als mein Kopf dann irgendwann voll war und zu protestieren begann, hab ich nur »Ach, halt die Klappe« gesagt und ihm keine Pause gegönnt. Schließlich stand immer noch ein weiterer Punkt auf der To-do-Liste, alle anderen waren gefühlt viel fleißiger als ich und ehrlich gesagt, machte mir die Zukunft eine Heidenangst. Dieser Sorgen-Cocktail war nicht gerade die beste Motivation, aber das Ganze ging mehrere Jahre lang gut. Jedenfalls bis zu dem Punkt, an dem der Tag einfach nicht mehr genug Stunden für all die Aufgaben hatte. Mein Kopf versuchte immer wieder, mir das mitzuteilen. Ich konnte nicht mehr richtig schlafen, weil er abends nicht zur Ruhe kam. Ich erwischte mich oft dabei, wie ich minutenlang gegen die Wand starrte, weil die Gedanken und Ideen zwar in meinem Kopf Macarena tanzten, ich mich gleichzeitig aber komplett leer fühlte. Obwohl diese Warnsignale immer lauter wurden, schenkte ich ihnen keine Beachtung. Es musste schließlich immer weitergehen, und die Zeit, zu reflektieren, nahm ich mir nicht. Das konnte ich mir einfach nicht erlauben, denn dadurch hätte ich ja weniger Zeit gehabt, um zu arbeiten! Hallo, Teufelskreis. Weil die einzige Reaktion, die mein Kopf von mir bekam, also ein sich ständig wiederholendes »Halt die Klappe!« war, wusste er irgendwann einfach nicht mehr weiter und beschloss, dass es an der Zeit war, die Reißleine zu ziehen. Das Ergebnis: Die nächsten Wochen verbrachte ich in »Gestrandeter Wal«-Position auf dem Sofa und abgesehen von Ein- und Ausatmen bekam nicht mehr so richtig viel gebacken.

Erst als dieser Punkt erreicht war, verstand ich, dass es so nicht weitergehen konnte. Ich würde wohl oder übel lernen müssen, in Zukunft mit meinem Kopf statt gegen ihn zu arbeiten. Doch wie genau sollte ich das denn bitteschön anstellen? »Wie dein Kopf und du ein gutes Team werdet« hatte bei mir leider weder in der Schule noch in der Uni auf dem Lehrplan gestanden. Wenn überhaupt, war es da um körperliche Gesundheit gegangen. Im Sportunterricht wurde mir erklärt, dass Geräteturnen gut für den Muskelaufbau sei, und ich konnte mich ganz dunkel an eine Biostunde erinnern, in der wir uns die Ernährungspyramide angeschaut hatten. Der Teil war also auch nicht sonderlich prickelnd gewesen, aber wenigstens wurde überhaupt darüber gesprochen. Die mentale Gesundheit, der Umgang mit Stress und Leistungsdruck waren hingegen nie Thema. Klar, es gab eine Schulpsychologin, und irgendwo auf dem riesigen Campus meiner Uni befand sich bestimmt auch eine Beratungsstelle für solche Fälle. Beides wirkte für mich aber irgendwie nicht so recht greifbar. Auch wenn es toll war, dass diese Angebote existierten, kannte ich niemanden, der sie nutzte, und ich hatte auch immer das Gefühl, dass meine Lage dafür nicht mies genug war. Inzwischen weiß ich, dass es kein »So schlecht geht es mir«-Barometer gibt, auf dem man eine bestimmte Zahl erreichen muss, um sich Hilfe holen zu dürfen. Ich würde also jedem empfehlen, jegliche Unterstützung anzunehmen, die sich bietet.

Weil eine Schulpsychologin oder ein Berater von der Uni gleichzeitig aber nicht rund um die Uhr an unserer Seite stehen kann, finde ich es genauso wichtig zu lernen, wie wir uns selbst aus diesem ganzen Mist herausziehen können. Wie erkenne ich Stress im Alltag? Was kann ich tun, um ihn in den Griff zu bekommen? Wie kann ich besser mit der Zeit umgehen, die mir zur Verfügung steht, und wann ist es auch mal die richtige Entscheidung, nein zu sagen? Aus den Nachrichten, die ich auf Instagram und YouTube bekomme, weiß ich, dass meine Schule und meine Uni in Bezug auf ihre Stressmanagement-Bildungslücke keine Einzelfälle waren. Denn auch wenn nicht jeder gleich einen walförmigen Totalzusammenbruch erleidet, schreiben mir viele meiner Zuschauer*innen, dass der Leistungsdruck ihnen zu viel wird und sie einfach nicht mehr weiterwissen. Dass sie völlig erschöpft sind, teilweise mit Depressionen zu kämpfen haben und genau dasselbe Gefühl haben, das auch mich damals regelmäßig mit voller Wucht aus der Bahn geworfen hat: »Egal, wie viel ich schaffe, es ist niemals genug.«

Was ich aber am schlimmsten finde, ist, dass so viele Leute glauben, sie seien die Einzigen, denen es so geht, und dass sie schwächer und dümmer seien als alle anderen. Denn denen bereitet das alles ja anscheinend überhaupt keine Probleme. Auch ich hatte regelmäßig das Gefühl, dass nur ich mühevoll Stein für Stein aus meinem Weg schieben musste, während alle anderen barfuß und fröhlich vor sich hin pfeifend über die komplett hindernisfreien Blumenwiesen hüpften. Falls ihr dieses Gefühl auch schon einmal hattet, dann kann ich euch versichern, dass das nicht der Wahrheit entspricht. Wir alle haben unser individuelles Päckchen zu tragen. Klar, das ist manchmal größer und manchmal kleiner, aber komplett ohne Rucksack reist niemand von uns durchs Leben. Wow, ein Satz so voller Poesie, dass man ihn direkt mit einem Sonnenuntergang im Hintergrund auf Facebook posten möchte. Doch er stimmt, und genau deswegen ist es auch so wichtig, dass wir auf unserem Weg dann und wann mal stehen bleiben, unsere Rucksäcke auf den Boden stellen und uns gegenseitig ihren Inhalt zeigen. »Na, was sagste dazu? Hast du den miesen Brocken hier auch schon mal mit dir rumgeschleppt? Ja? Und wie bist du ihn wieder losgeworden?«

Es ist wichtig, dass wir über Stress, Leistungsdruck und mentale Gesundheit sprechen. Genau deswegen möchte ich auch in diesem Buch hier mit euch teilen, wie mein Kopf und ich uns in den letzten Jahren wieder zusammengerauft haben. Wir alle haben eine unterschiedliche Ausgangssituation, und deswegen möchte ich mir natürlich nicht anmaßen zu sagen, dass die Übungen, Methoden und Checklisten, die mir wieder auf die Beine geholfen haben, eine Universallösung für all eure Sorgen und Probleme darstellen. Es kann sein, dass sie das für euch sind, aber es ist auch völlig okay, wenn ihr nur mit einem Teil davon etwas anfangen könnt. Das heißt nicht, dass ihr faule und unstrukturierte Kartoffeln seid, sondern es zeigt lediglich, dass wir verschieden sind und alle Köpfe eben ein bisschen anders ticken.

Als ich mich zum ersten Mal mit Zeitmanagement, Selfcare und mentaler Gesundheit auseinandergesetzt habe, musste ich eine ganze Weile recherchieren, bis ich die Dinge gefunden habe, die mir persönlich sinnvoll und hilfreich erschienen. Die habe ich mir dann herausgepickt, sie ausprobiert und die Ergebnisse dessen, was für mich tatsächlich funktioniert hat, sind hier in diesem Buch gelandet. Zwingt euch bitte nicht dazu, das Buch von Anfang bis Ende durchzuarbeiten und jede Übung mitzumachen, obwohl sie euch nicht anspricht. Das würde keinen Sinn ergeben und vor allem auch keinen Spaß machen. Manchmal ist es einfach nur der kleine motivierende Tritt in den Hintern, der uns fehlt, um uns mal näher mit uns, unseren Gedanken, Sorgen und all dem Alltagsstress auseinanderzusetzen. Wenn mein Buch diese Rolle erfüllen kann, dann bin ich schon voll und ganz zufrieden.

Vielleicht ist das jetzt der Moment, in dem ich euch warnen sollte, dass ich eine olle Listen-Tante bin. Das bedeutet, dass ich mich mit allem wohlfühle, was man aufschreiben, ankreuzen und durchstreichen kann. Jetzt, wo das raus ist, muss ich hier wohl meines Amtes walten, und es ist an der Zeit für eine Klischee-YouTuber*innen-Floskel: »Okay, Leute, dann quatsche ich nicht weiter drum herum, los geht's!«

PS: Ich habe mich bewusst für den englischen Begriff »Selfcare« entschieden, um zu zeigen, dass er mehr ist, als nur ein fancy Instagram-Hashtag. Außerdem konnte ich keine Übersetzung finden, die mir wirklich gut gefallen hat, daher bleibe ich im Buch dabei.

PPS: Da ich nicht nur eine Listen-, sondern auch eine Öko-Tante bin, möchte ich natürlich noch dazusagen, dass der Punkt mit dem Planeten in der Aufzählung oben tatsächlich sehr wichtig ist. Darum geht's in diesem Buch zwar nicht, aber falls ihr Interesse an den Themen Nachhaltigkeit, Zero Waste und Fair Fashion habt, dann findet ihr mehr Infos dazu auf meinen Social-Media-Kanälen. Service-Announcement Ende!

YouTube: Lisa Sophie Laurent
Instagram: @LisaSophieLaurent

Ich würde mich sehr über euer Feedback zu diesem Buch freuen. Schreibt mir also gern, wenn ihr es gelesen habt, und erzählt mir, ob es euch weitergeholfen hat! Auch falls ihr noch mehr Tipps zu den Themen beisteuern könnt, freue ich mich, von euch zu hören :)

STRESS & LEISTUNGSDRUCK

DER GESTRANDETE WAL

Beginnen wir mal damit, dass ich euch erzähle, wie es denn dazu kam, dass ich in den dunklen Stressstrudel des Grauens gezogen wurde, der mich dann letztendlich als gestrandeten Wal aufs Sofa gespült hat. Okay, vielleicht merkt man ganz minimal, dass ich als Kind Piratin werden wollte. Ein bisschen Drama muss aber einfach mal sein, denn an dem Abend, an dem mein Gehirn die Reißleine gezogen hat, hatte ich mich tatsächlich gefühlt wie im falschen Film. Dieser Abend ist jetzt drei Jahre her. Ich war damals 21 Jahre alt und saß zusammen mit meinem Unifreund Max bei unserem Lieblingsitaliener. Während ich meine Pizza in Stücke schnitt, hörte ich Max dabei zu, wie er die Gliederung des Politikreferats vorlas, das wir an dem Abend zusammen vorbereiten wollten. Es ging darin um die Nutzung von Soft Power im Rahmen der zwischenstaatlichen Rivalität dreier Länder im asiatisch-pazifischen Raum – oder so ähnlich. Es war jedenfalls ein richtig unkompliziertes und gut greifbares Thema. (Hört man Ironie eigentlich aus gedrucktem Text heraus? Ich bin ein Millennial! Wo sind meine Emojis, wenn ich sie mal brauche?) Vor uns lag ein riesiger Stapel englischsprachiger Fachliteratur, dessen Inhalt wir gemeinsam durcharbeiten und ihn danach in einen halbwegs spannenden viertelstündigen Vortrag quetschen mussten. Ich seufzte und hob mein erstes Pizzastück an, in der Hoffnung, dass die Kohlenhydrate mir ein wenig Trost spenden würden, als mein Handy aufleuchtete. Es zeigte mir eine neue Mail an, und wie immer war das der Weckruf für das hyperaktive Eichhörnchen in mir. Mein Kopf begann, wie wild mit Fragen um sich zu werfen. Was mochte wohl in dieser Mail stehen? Irgendetwas Wichtiges? Irgendwas, das ich vergessen hatte? Eine coole Möglichkeit oder doch nur eine nervige Aufgabe, die mir jemand aufhalsen wollte? Ehe ich michs versah, stürzte ich mich auch schon darauf und begann, hektisch durch den Text zu scrollen – ohne mit der Wimper zu zucken oder mich selbst vielleicht mal höflich daran zu erinnern, dass ich ja eigentlich gerade dabei war, zwei andere Dinge zu tun: Max zuhören und dabei etwas essen. Das wäre eigentlich auch schon die maximale Menge an Multitasking gewesen, die ich in dieser Situation hätte verarbeiten können. Doch dazu später mehr. Die Mail kam von der Leiterin eines großen Projekts, an dem ich gerade arbeitete und dessen Deadline eigentlich noch einen Monat vor mir lag. Jedenfalls war das der ursprüngliche Plan gewesen, denn mein Abgabedatum war nun, wie sie mir mitteilte, ganze zwei Wochen vorgezogen worden. Wäre das Pizzastück davor nicht mitten auf dem Weg zu meinem Mund in der Luft stehen geblieben, dann hätte ich mich jetzt mit ziemlicher Sicherheit daran verschluckt. Die Nachricht brachte mich völlig aus dem Konzept. In Gedanken ging ich meinen Plan für die nächsten zwei Wochen durch. Ich arbeitete neben der Uni als Moderatorin für ein Online-Format eines großen Fernsehsenders, und die nächsten fünf Tage waren für den Dreh und Schnitt einer Reportage vorgesehen. Unser Plan war dabei so eng getaktet, dass eigentlich nichts schiefgehen durfte, und wenn doch, dann würden wir bis spät abends Überstunden machen müssen. Am letzten Drehtag sollte ich zudem noch für ein anderes Projekt vor der Kamera stehen und direkt danach würde ich von meiner Heimatstadt Köln aus mit dem Zug nach Berlin fahren. Die Zeit in der Bahn wollte ich dabei natürlich nicht ungenutzt lassen, und so hatte ich sie für die Vorbereitung des zweitägigen Medienpädagogik-Workshops eingeplant, den ich dort an einer Schule geben würde. An den beiden Abenden in Berlin

wollte ich mich dann meiner Hälfte des riesigen Referats-Texthaufens widmen, bevor es am nächsten Tag weiter nach Kampala, der Hauptstadt von Uganda ging. In der zweiten Woche würde ich dort dann die Projekte einer Hilfsorganisation besuchen und ihre Arbeit dokumentieren. Mir war jetzt schon klar, dass das wahnsinnig anstrengend werden würde, denn ich wusste nicht genau, was mich vor Ort erwartete. Im Jahr zuvor war ich bereits für ein ähnliches Projekt in Kenia gewesen, und so stellte ich mich schon mal auf Moskitos, tropisches Klima und viele Toilettenpausen in freier Natur ein. Was das anging, war ich eigentlich ziemlich schmerzfrei, aber es war definitiv ein stressigeres Umfeld als meine gewohnten vier Wände daheim. Die Abende in Uganda waren übrigens auch bereits verplant. Für das Gestalten der Powerpoint-Präsentation für das Referat, für ganz dringende Steuersachen, die ich noch abgeben musste, und vor allem für den Schnitt des Videomaterials, das ich vor Ort aufnehmen würde. Egal, wie ich es drehte und wendete: Für die fünfzig Seiten Text, die ich nun auch noch für das vorgezogene Projekt schreiben sollte, war in diesem ohnehin schon bis zum Rand vollgequetschten Zeitplan einfach kein Platz mehr. Es dauerte einen Moment, bis diese Erkenntnis so richtig zu mir durchdrang. In den Monaten davor hatte ich es mit Müh und Not geschafft, alles so hinzubiegen, dass es am Ende gerade noch passte, doch jetzt erschien mir das absolut unmöglich. Ich atmete scharf ein, und dann hörte ich urplötzlich und völlig unerwartet ein hysterisches Lachen. Es dauerte einen Moment, bis ich realisierte, dass ich es war, die diese Töne von sich gab, denn dieser Frequenzbereich war mir bei mir selbst definitiv neu. Max, der ein solches Geräusch ebenfalls zum ersten Mal von mir hörte, ließ seine Notizen sinken und sah mich verwundert an. »Alles okay bei dir, Lisa?«, fragte er, doch ich konnte ihm nicht antworten, weil das Lachen jetzt einfach nicht mehr aufhören wollte. Ich hatte Mühe, zwischendurch nach Luft zu schnappen, und sah dabei anscheinend so verzweifelt aus, dass Max direkt verstand, dass hier gerade etwas ganz und gar nicht okay war. Er reagierte instinktiv richtig und schlug mir vor, dass ich vielleicht mal kurz aufs Klo gehen sollte.

Er würde hier bleiben und auf meine Sachen aufpassen. Da in meinem Kopf langsam aber sicher die Erkenntnis eintrudelte, dass dieses Lachen gleich zu einer ausgewachsenen Panikattacke mutieren würde, nickte ich nur und lief los. Erst, als ich die Klotür hinter mir geschlossen hatte, ließ ich die Panik so richtig zu. Ich lachte, bis mir die Tränen kamen, und atmete so lange hektisch ein und aus, bis die Welle irgendwann vorbei war. Ich wartete noch einen Moment, und als ich mir sicher war, dass kein Lacher mehr nachkommen würde, trat ich nach draußen in den Waschraum. Dort schaltete ich das kalte Wasser an und ließ es über meine Handgelenke laufen. Das fühlte sich beruhigend an und hatte mich auch bei früheren Panikattacken schon erfolgreich zurück in die Realität befördert. Die letzte war zu diesem Zeitpunkt allerdings bereits einige Jahre her, und ich hatte nicht erwartet, jemals wieder eine Panikattacke zu bekommen. Eigentlich hatte ich das alles doch schon längst in den Griff bekommen. Was war also plötzlich los mit mir? Früher hatte ich mit Sozialer Angst zu kämpfen gehabt. Da wäre es wahrscheinlich die Situation im Restaurant gewesen, die mich überfordert und zu einer Panikattacke geführt hätte. Große Menschenmengen und ein lautes Umfeld waren früher ein beliebter Auslöser bei mir gewesen. Aber das ist ein anderes Thema. Wenn ihr mehr darüber erfahren wollt, schaut doch in mein erstes Buch »Wie ich aufhörte, perfekt sein zu wollen«. Ich verstand es einfach nicht. Bevor ich die Mail gelesen hatte, war doch eigentlich alles gut gewesen. Ja, es waren viele Leute da, die Musik war etwas lauter und ich hätte lieber gemütlich auf Max' Sofa gesessen, aber das wars auch schon. Ich wischte mit meinem Finger unter meinen Augen entlang, um die Mascarareste zu entfernen, die die Lachtränen dort verteilt hatten, atmete noch einmal tief durch und ging dann zurück an den Tisch. Während ich mich dort mit zitternder Hand wieder der Pizza zuwandte, um meinen Blutzuckerspiegel wieder auf ein normales Level zu bringen, erzählte ich Max, was gerade passiert war. Er kannte die Geschichte meiner Sozialen Angst und meiner Panikattacken und wusste, dass die beiden mir meine Teenagerzeit ganz schön zur Hölle gemacht hatten. Dennoch hatte er mich noch nie so erlebt, und er sah mich, nachdem ich ihm alle Details meiner aktuellen, verzwickten Lage erklärt hatte, ernst an. »Alles klar, Lisa«, sagte er. »Wir machen das so: Du sagst alle Termine ab, bei denen das irgendwie möglich ist, und ziehst diese Text-Deadline durch. Ich übernehme die Vorbereitung für das Referat allein, wenn du mir dafür versprichst, dass es nie wieder so weit kommen wird.« Der Blätterstapel vor Max blickte mir vorwurfsvoll entgegen. Mir war klar, was für einen Haufen Arbeit ich ihm damit aufhalste und was für ein großer Freundschaftsbeweis es von Max war, mir das anzubieten. Ich war hin- und hergerissen, und das schlechte Gewissen nagte an mir, aber da ich einfach keine andere Möglichkeit sah, stimmte ich zu. Ich gab Max das Versprechen, meinen Zeitplan und damit auch mein Leben an sich in den Griff zu bekommen, und verstand, dass das nicht nur ein dahingesagter Satz war. Wenn ich ehrlich zu mir selbst war, wusste ich eigentlich schon länger, dass es so nicht weitergehen konnte. Aber eingestanden hatte ich mir das noch nie. Ich wollte meine Eltern nicht enttäuschen. Sie sollten sehen, dass ich selbstständig war und das alles hinbekam. Ich war die Erste in meiner Familie, die studierte, und weil ich wusste, dass meine Eltern sich darüber einerseits freuten und es ihnen andererseits Sorgen bereitete, weil sie sich nicht mit dem Unisystem auskannten, wollte ich sie mit guten Noten gleichzeitig beruhigen und stolz machen. Ich finanzierte mir mein Studium und mein Zimmer im Studentenwohnheim selbst. Ein Stipendium half mir für die ersten vier Semester, und danach arbeitete ich, um die Kosten tragen zu können. Mir war es sehr wichtig, auf eigenen Beinen zu stehen und meiner Familie nicht auf der Tasche zu liegen. Deshalb spielte mein Job eine so große Rolle in meinem Leben. Außerdem hatte ich das Gefühl, schon während des Studiums arbeiten zu müssen, um nicht den Anschluss zu verlieren. Dass ich von lauter Menschen umgeben war, denen es genauso ging, machte das nicht gerade besser. Mein Freundeskreis an der Uni bestand hauptsächlich aus Leuten, die später ebenfalls in der Medienbranche arbeiten wollten oder das bereits taten. Mein Stipendium hatte einen Journalismus-Schwerpunkt, und ich begegnete dort lauter Leuten, die beeindruckende Praktika absolviert und in wahnsinnig coolen Redaktionen gearbeitet hatten. Und dann waren da natürlich auch noch die anderen YouTuber*innen, mit denen ich befreundet war oder mit denen ich mich zumindest regelmäßig auf Veranstaltungen unterhielt. Sie alle stellten neben ihren wöchentlichen oder teils sogar täglichen Videos noch haufenweise andere coole Projekte auf die Beine, und ich hatte das Gefühl, in all diesen Bereichen mithalten zu müssen, wenn ich nicht unter die Räder geraten wollte. Also verbrachte ich die Zeit, die nicht für die Uni draufging, damit, zur Arbeit zu gehen, die mit meinem Stipendium verbundenen Seminare zu besuchen, Praktika in verschiedenen Redaktionen und Städten zu machen, parallel dazu irgendwie für meine Prüfungen zu lernen und natürlich Woche für Woche ein bis zwei Videos für meinen YouTube-Kanal zu drehen. Das alles machte mir für sich genommen sehr viel Spaß. Ich lernte gern Neues dazu, egal ob in der Uni oder in den Journalismus-Seminaren. Ich mochte es, in verschiedene Redaktionen schnuppern und mich ausprobieren zu dürfen. Mein Job war spannend und abwechslungsreich, und YouTube war immer schon mein liebstes Hobby gewesen, bei dem ich mich frei und kreativ austoben konnte. Genau deswegen verstand ich zunächst nicht, warum all das auf einmal Stress in mir auslöste. Dazu hatte ich doch eigentlich kein Recht, oder? Schließlich war ich in der unfassbar privilegierten Lage, mein Geld mit Dingen zu verdienen, die mich glücklich machten, statt wie früher bei Wind und Wetter Zeitungen austragen zu müssen. Ich kam mir undankbar vor, wann immer ich mich überfordert fühlte, und sah innerlich meine Kommiliton*innen vor mir, die für einen niedrigen Stundenlohn irgendwo an der Kasse saßen, kellnerten oder Regale einräumten. Die konnten über mich und meine »Probleme« doch nur den Kopf schütteln. Nein, ich hatte wirklich keinen Grund, mich zu beschweren, also würde ich mich zusammenreißen und weiterarbeiten. Lange Zeit funktionierte diese Taktik, und da auf stressige Phasen auch immer wieder Wochen folgten, in denen ich mich entspannt mit Freunden treffen und einfach das Leben als Studentin genießen konnte, schob ich die Sorgen einfach zur Seite. Jetzt allerdings war ich an dem Punkt angelangt, an dem ich die Augen nicht mehr davor verschließen konnte, dass ich mit diesem Verhalten nicht nur mich selbst, sondern auch die Menschen in meinem Umfeld belastete. Und insbesondere Letzteres wollte ich auf keinen Fall! Ich verabschiedete mich also schweren Herzens von Max und schrieb in den nächsten zwei Wochen den Text fertig. Ich drehte meine Reportage, hielt meinen Workshop in Berlin und flog nach Uganda. Die Tage rauschten nur so an mir vorbei, und irgendwann war dann endlich der Punkt gekommen, an dem mein Koffer und ich über die Türschwelle meiner Wohnung traten. Ich war wieder zu Hause, hatte all meine Aufgaben erledigt, und eigentlich wäre das der perfekte Moment gewesen, um erleichtert aufzuatmen. Doch stattdessen passierte einfach ... nichts. Ich fühlte nichts, da war keine Erleichterung, keine Entspannung und auch kein Glücksgefühl. Da war einfach nur Leere.

Die Wochen, die darauf folgten, waren sehr verwirrend für mich. Ich hatte es, als ich am nächsten Morgen aufgewacht war, nicht bis zu meinem Schreibtisch und den dort auf mich wartenden Aufgaben geschafft, sondern war stattdessen auf dem Sofa gelandet. Hier lag ich nun wie ein gestrandeter Wal und wartete darauf, dass meine Motivation auftauchte, um mich wieder zurück ins Meer zu schubsen. Doch genau wie am Abend davor passierte rein gar nichts. Der Tag verging, ohne dass ich mich großartig rührte, und am Abend schleppte ich mich wieder zurück in mein Bett.

Und so ging es weiter, Tag für Tag, Woche für Woche. Sosehr ich es auch versuchte, ich konnte nicht viel mehr tun, als herumzuliegen und darauf zu warten, dass mein Kopf bereit war, wieder mit mir zu arbeiten. Ich hatte mich noch nie zuvor so hilflos und ausgeliefert gefühlt, und für jemanden wie mich, die sonst ständig von einem Ort zum anderen hetzte, nie stillsaß und für die es immer noch irgendetwas zu tun gab, war das ein nervenaufreibender und belastender Zustand. Die Stille in meinem Kopf zerriss mir förmlich das Trommelfell, und ich fühlte mich, als hätte jemand mein gesamtes

System heruntergefahren, ohne Aussicht auf einen Neustart. Nach dem Drama im Restaurant war mir zwar klar gewesen, dass ich dringend mal eine Pause machen musste, und ich hatte geplant, mir nach meiner Rückkehr aus Uganda zwei, drei entspanntere Tage zu gönnen. Dabei war eine derartige Reaktion meines Körpers allerdings nicht vorgesehen gewesen.

Wie viel länger sollte das denn bitteschön noch so weitergehen? Vorsichtig sah ich zu meinem Laptop hinüber, der auf dem Schreibtisch lag und vorwurfsvoll zurückzustarren schien. So, als würde er sagen, »Ey, Lisa, hier stapeln sich bergeweise Mails und deine To-do-Liste wird immer länger! Willst du vielleicht endlich mal deinen Hintern hochkriegen und was daran ändern, du faule Kuh?« – »Es tut mir ja leid«, gab ich resigniert zurück. »Aber ich befürchte, das dauert noch eine Weile.« Mein Kopf war nämlich gerade damit beschäftigt, die Punkte auf der Raufasertapete neben mir zu zählen. Zum fünften Mal hintereinander, wohlgemerkt. Die Sonne schien in mein Zimmer, und ich fragte mich, ob ich es nachher wohl schaffen würde, eine kleine Runde um den Block zu laufen. Was zu essen sollte ich mir langsam auch mal wieder holen, denn es waren nur noch zwei Tomaten und ein kleiner Rest Erdbeermarmelade im Kühlschrank, und das war nun wirklich kein sonderlich attraktives Mittagsmenü. Bevor ich jedoch näher hätte darüber nachdenken können, erinnerte mein Kopf mich nachdrücklich an die Raufasertapete. Ich seufzte. Zweihundertvierunddreißig, zweihundertfünfunddreißig, zweihundertsechsunddreißig …

»Burnout?« Verwirrt sah ich meine Hausärztin an und versuchte dabei meinen Kopf davon abzuhalten, sich von dem Ölgemälde an der Wand hinter ihr ablenken zu lassen. Ein abgetrennter Puppenkopf war darauf zu sehen, den jemand dekorativ in einer Schüssel Obst platziert hatte. Mein Kopf wollte ganz dringend darüber nachdenken, was sich der Künstler dabei wohl gedacht haben mochte, aber ich zwang mich dazu, mich auf den wirklich wichtigen Punkt zu konzentrieren: »Burnout ist doch was für 40-jährige Anzugträger,

nicht für eine 21-jährige Halb-Studentin-halb-Journalistin!« Meine Hausärztin lächelte nur. Dasselbe geduldige Lächeln, das sie mir auch immer schenkte, wenn ich sie mit leidendem Blick fragte, ob ich wirklich nur eine Erkältung hatte. Dann erklärte sie mir, dass ein Burnout keine Frage des Alters sei, sondern durchaus auch bei jüngeren Menschen auftreten könne. Für eine sichere Diagnose müsste ich zu einem Facharzt gehen, davon würde sie mir aber momentan noch abraten. »Lassen Sie Ihrem Kopf erst mal ein bisschen Zeit, Frau Laurent«, sagte sie augenzwinkernd. »Vielleicht beruhigt er sich ja von selbst wieder, und Sie können sich das ganze Gerenne sparen. Reduzieren Sie einfach ein bisschen den Stress in Ihrem Alltag, dann passt das schon.« Mich überkam das unangenehme Gefühl, hier gerade wieder einmal getreu meinem optischen Lieblingsklischee als dummes kleines Blondchen abgestempelt und nicht ernst genommen worden zu sein. Ein Teil von mir wollte brüllen: »Hey, gute Frau, mir geht's echt richtig scheiße! Wie wär's denn vielleicht mal mit ein paar konkreteren Tipps, häh?« Doch ich merkte, dass mir zum Herumpöbeln gerade einfach die Energie fehlte. Ich nickte dem abgetrennten Puppenkopf also höflich zum Abschied zu und wanderte dann schicksalsergeben zurück zu meinem Sofa.

Etwa neun Wochen waren seit dem Abend im Restaurant vergangen, als ich merkte, dass es langsam aufwärtsging. Nicht, dass ich die Zeit gestoppt hätte, aber ich dachte gerade schon gefühlt fünf Minuten lang über eine Mail nach, die ich gern an meine Chefin schreiben wollte, und noch hatte mein Kopf nicht interveniert. Morgen begann außerdem das nächste Semester. Ich hatte am ersten Tag nur ein Seminar, das ich aber wirklich gern besuchen wollte, um zumindest ein halbwegs brauchbares Referatsthema abzubekommen. Wenn ich nicht da war, würde ich das bekommen, was übrig blieb, und das bedeutete selten etwas Gutes. Vorsichtig stand ich auf, lief zum Laptop und begann, die Mail zu schreiben. Als ich es bis zum »Liebe Grüße, Lisa« geschafft hatte, begann ich zu lachen. Ein absurdes Glücksgefühl durchströmte mich, als hätte ich gerade ganz ohne Sauerstoffflasche den Mount Everest erklommen und nicht etwa nur ein paar Minuten lang mit meinen Fingern auf einer Tastatur herumgetippt. Vielleicht würde ich bald ja sogar wieder ein YouTube-Video drehen können und damit sicherstellen, dass mein Kanal nicht allzu lang stilllag! Vielleicht konnte ich morgen zur WG-Party meiner Freundin Julia gehen, doch dieses eine Job-Projekt annehmen, meine nächste Praktikumsbewerbung schreiben und … zack, lag ich wieder im Wal-Modus auf dem Sofa. »Okay,« sagte ich zu meinem Kopf, »das war 'ne klare Ansage. Hab verstanden.«

DAS IST DANN WOHL BURNOUT – UND WAS JETZT?

Ich freute mich sehr über meine kleinen Fortschritte. Auch wenn es langsamer voranging, als ich mir das wünschte, tat es mir gut, wieder etwas zu tun zu haben. Langsam, aber sicher meldete sich auch meine Kreativität zurück. Sie hatte ich am meisten vermisst, denn im Normalfall half sie mir dabei, die wild durch meinen Kopf wirbelnden Gedanken einzufangen und sie mit Hilfe von Texten oder Videos aus meinem System hinauszubefördern. Gleichzeitig war ich aber auch vorsichtig geworden. Ich hatte gelernt, dass dieser Zustand ein sehr wackeliges Konstrukt war, das nur so stehen bleiben würde, wenn ich es nicht übertrieb. Ich wollte unbedingt verhindern, dieselben Fehler zu machen wie zuvor, um nicht direkt wieder zurück in den dunklen Stressstrudel (DES GRAUENS! Sorry.) zu stolpern. Es wäre natürlich praktisch gewesen, wenn mich jemand an die Hand genommen und mir den Weg heraus aus der ganzen Misere gezeigt hätte. Doch da meine Hausärztin mir keine sinnvollen Tipps dazu geben konnte oder wollte, musste ich den ganzen Spaß wohl oder übel selbst in die Hand nehmen. Wow, damit entsprach ich dann wahrscheinlich endgültig dem Klischee der Psychologiestudentin, die hauptsächlich sich selbst therapiert. Was andere Leute darüber dachten, musste mir jetzt aber mal kurz egal sein, denn dieses Selbstexperiment klang vielversprechend. Was hatte ich denn schließlich noch zu verlieren? Wahrscheinlich war es sinnvoll, erst mal darüber nachzudenken, wo genau auf meinem Weg ich eigentlich die falsche Abzweigung genommen hatte. Was hatte dafür gesorgt, dass mein Kopf und ich nun hier festsaßen?

Der offensichtlichste Punkt war natürlich, dass ich an viel zu vielen Aufgaben und Projekten gleichzeitig arbeitete. Mein Terminkalender war so vollgestopft, dass alles schon in sich zusammenzufallen drohte, wenn mein Bus mal fünf Minuten Verspätung hatte. Sollte ich also künftig einfach mehr Sachen absagen? Als hätte sie nur auf ihr Stichwort gewartet, meldete sich meine Zukunftsangst zu Wort. »Stopp, Lisa, das geht so nicht.« In meinem Kopf hatte sie eine notorisch klugscheißerische Stimme mit leicht hysterischem Unterton. »Du musst all diese Sachen machen! Schließlich arbeitest du selbstständig. Da kannst du es dir doch gar nicht leisten, Jobs abzusagen. Sonst fragen dich die Leute beim nächsten Mal bestimmt nicht mehr und dann vergessen sie dich, und dann landest du unter der Brücke.« Puh, Drama, Baby. Aber gut, so ganz unrecht hatte die Zukunftsangst ja nicht. Die Arbeit als selbstständige Journalistin und Moderatorin, für die ich mich nach dem Ende meines Stipendiums entschieden hatte, brachte zwar viele Freiheiten mit sich, gleichzeitig aber auch einen ganzen Haufen Risiken und Druck. Sollte ich das Ganze also hinschmeißen, dafür schneller mein Studium fertig machen und dann ... Ja, was dann? Was fingen denn andere Leute mit einem Politik- und Psychologiestudium an? Ich hatte mich damals für die Fächer entschieden, weil ich etwas über die Gesellschaft als Ganzes und über das Individuum im Speziellen lernen wollte. Offensichtlich ein Satz, den ich mir für Situationen zurechtgelegt hatte, in denen mich Leute genau danach fragten. Ich hoffte jedenfalls, damit ein möglichst breites Wissen zu bekommen, das ich später im Alltag als Journalistin gut gebrauchen könnte. Ansonsten hatte ich zum Thema Geisteswissenschaften immer nur den typischen Witz gehört, dass ich besser schon mal meinen Taxischein machen sollte. Doch weil Autofahren nun wirklich nicht zu meinen Stärken gehörte und mir mein

Fahrlehrer nach meiner bestandenen Führerscheinprüfung sogar extra noch mal vorgerechnet hatte, wie viel Geld ein abgefahrener Seitenspiegel kostete, würde ich wohl oder übel doch beim Journalismus bleiben müssen. Vielleicht lag das aber auch nicht nur an meinem miserablen Gefühl dafür, wo mein Auto endete und das am Straßenrand parkende begann, sondern vor allem daran, dass ich mir für mich selbst keinen anderen Weg vorstellen konnte. Es gab bestimmt viele weitere spannende Berufe, die noch dazu auch deutlich mehr mit Politikwissenschaften oder Psychologie zu tun hatten. Doch seit ich klein war und dem Piratinnentraum Lebewohl gesagt hatte, wollte ich »irgendwas mit Medien« machen. Mit vierzehn hatte ich begonnen, für die Lokalzeitung zu schreiben, und die nächsten Jahre vergingen damit, dass ich als unbezahlte, kaffeekochende Praktikantin durch verschiedene Radiosender, TV-Produktionsfirmen und Filmsets wuselte. Spätestens mit dem Journalismus-Stipendium wurde mir dann endgültig klar, dass die Medien meine Welt waren. Auch wenn ich mit meinen 21 Jahren vermutlich problemlos noch mal einen neuen Weg hätte einschlagen können, ohne dass es jemandem außerhalb meiner Familie aufgefallen wäre, signalisierte mir mein Bauchgefühl ganz klar, dass es für mich nicht in Frage kam, das alles hinzuschmeißen. Das wäre einfach nicht richtig gewesen. Ich musste also wohl oder übel das Beste aus der Situation machen, und das hieß dann wohl auch, zu lernen, nur in einem gesunden Maß »ja« zu Dingen zu sagen.

Und damit waren wir auch schon beim nächsten Problem. Das Wort »Nein« kam mir beim Thema Arbeit nicht so leicht über die Lippen. Neben der Sorge, dann nie wieder gefragt zu werden, hatte ich praktischerweise auch noch die grandiose Begabung, alles tausendmal zu überdenken. Dabei ging ich dann natürlich immer vom Schlimmsten aus. Alles andere wäre ja auch langweilig gewesen. Was mochte die Person wohl über mich und meine Absage denken? War sie traurig oder enttäuscht? Hielt sie mich dadurch vielleicht für unzuverlässig, arrogant und unfreundlich, oder hatte sie das Gefühl, dass ich mir zu fein für ihr Projekt war? Was, wenn sie mich danach auf dem Gang nicht mehr grüßen würde? Während sich in meinem Kopf Horrorszenarien entspannen, die alle unvermeidbar auf Tod und Verderben hinausliefen, hätten die meisten der besagten Kolleg*innen wahrscheinlich einfach nur mit den Schultern gezuckt und stattdessen irgendjemand anderen aus der Redaktion gefragt. Doch die Regisseurin meines Kopfkinos hielt leider nicht sonderlich viel von realistischen Ansätzen. Sie wollte unbedingt den Oscar für das nervenaufreibendste Drama des Jahres gewinnen, und friedvolle Szenarien, in denen es völlig okay war, auch mal nein zu sagen, waren definitiv nicht Teil ihres Drehbuchs. Dabei war mir Harmonie immer schon sehr wichtig. Ich hasse es, zu streiten oder zu wissen, dass jemand wütend auf mich war. Ich war eine Freundin klärender Gespräche, und am liebsten hätte ich die sogar mit den Leuten geführt, die mir in den YouTube-Kommentaren kreative Beleidigungen an den Kopf warfen. Doch sie davon überzeugen zu wollen, dass meine Nase ganz und gar nicht so aussah wie die von Miss Piggy, wäre ein Kampf gegen Windmühlen gewesen. Über die Jahre hinweg lernte ich also, solche Aussagen nicht nur aus der Kommentarspalte, sondern auch aus meinem Kopf zu löschen und mich dadurch zumindest nicht allzu lang mit ihnen zu beschäftigen. Doch wenn sich mögliche Konflikte mit Menschen aus meinem Umfeld auftaten, dann lagen meine Nerven blank. Das Wissen darüber, dass eine Konfrontation unvermeidbar war, fühlte sich wie ein Felsbrocken in meinem Magen an. Das war also ein zweiter Bereich, für den ich eine Lösung finden musste.

Problem Nummer drei ließ praktischerweise auch nicht lang auf sich warten und stellte sich als mein mangelndes Zeitgefühl heraus. Ich konnte schlecht einschätzen, wie lang ich wirklich für einzelne Aufgaben und Projekte brauchte, besonders dann, wenn auch noch die Perfektionistin in mir zum Vorschein kam. Sie rollte den roten Teppich für ihren glorreichen Auftritt in bodenlangem Kleid und Federboa immer dann aus, wenn die Deadline kurz vor der Tür stand. Dann verbrachten sie und ich hingebungsvoll eine Stunde nach der anderen mit dem letzten Feinschliff. Hätte man die jeweilige Sache auch in einem zu nur 98 % perfekten Zustand abgeben können? Ja, das hätte man definitiv. Ließ mein Kopf das zu? Definitiv ... nein. Häufig verkalkulierte ich mich zudem noch mit der Zeit, die ich unterwegs verbrachte. Ich lief regelmäßig zu spät los, geriet dann in Stress und Hektik, ließ die Hälfte meiner Sachen zu Hause liegen und stolperte am Ende völlig verschwitzt und überfordert durch die Türen meiner Uni-Seminarräume, der Redaktion oder der Praxis meiner Zahnärztin.

Als wäre die Familie meiner Problemkinder damit nicht schon groß genug, gestand ich mir dann auch noch eine offensichtliche vierte Sache ein: das unkonzentrierte Eichhörnchen. Ich tat mich wirklich schwer damit, Prioritäten zu setzen und immer genau die Aufgabe zu erkennen, die gerade besonders relevant für mich war. Das sorgte an den meisten Tagen dafür, dass ich morgens erst mal eine Weile lang untätig auf den riesigen Berg an Aufgaben auf meinem Schreibtisch blickte und innerlich darum bat, diejenige, mit der ich anfangen sollte, möge doch bitte einfach aufleuchten. Das Einzige, was dann aber tatsächlich aufblinkte, war natürlich mein Smartphone, und das Eichhörnchen in mir war stets sehr erleichtert darüber. Was leuchtete, musste definitiv das Wichtigste sein! Also entsperrte ich das Handy und warf mich freudig in eine kunterbunte Social-Media-Welt voller Ablenkungen. Ich scrollte durch Instagram, antwortete auf ein paar Tweets, ärgerte mich über den langweiligen und sinnlosen Facebook-Feed, checkte meine YouTube-Abobox und ging dann zurück zu Instagram, um sicherzustellen, dass dort in den letzten fünf Minuten nichts passiert war, was ganz dringend meine Aufmerksamkeit erforderte. Dieser Kreislauf lief dann so lange weiter, bis oben am Bildschirmrand ein kleines Briefchen aufploppte, das eine neue Mail in meinem Postfach ankündigte. Deren Beantwortung widmete ich mich prompt, und kaum war meine Mail abgeschickt, hatte sich da auch schon ein kleiner Haufen anderer Nachrichten in meinem Postfach angesammelt, die alle ebenfalls »ganz schnell und dringend« eine Reaktion von mir brauchten. Sonst würde vermutlich gleich der dritte Weltkrieg ausbrechen. Komischerweise stellte sich irgendwann heraus, dass genau die Leute, die von mir zu erwarten schienen, dass ich innerhalb von Nanosekunden auf ihre Nachrichten reagierte, selbst gern mal eine ruhige Kugel schoben. Da dauerte es schon mal ein paar Tage, bis ich etwas zurückbekam, oder es erschien alle Nase lang eine Abwesenheitsnotiz, weil sie wieder einmal auf einer ganz wichtigen Konferenz, Fortbildung oder einem nicht näher definierten »Termin« waren und man sie dort natürlich nicht erreichen konnte. Damals ärgerte mich das, doch auf die glorreiche Idee, vielleicht auch selbst mal für ein paar Tage von der Bildfläche zu verschwinden, kam ich nicht. Denn einerseits war ich meist ein gutes Stück jünger als die Person auf der anderen Seite und hatte das Gefühl, mir so etwas gar nicht erlauben zu können, und andererseits hätte ich damit auch »nein« zum Beantworten der Mails gesagt. Die olle Leier, die dann in meinem Kopf abgespielt worden wäre, kennt ihr ja bereits. Ich hätte wieder einmal Angst bekommen, was die andere Person jetzt von mir denken mochte, und hätte auch direkt wieder meine ganze Zukunft den Bach runtergehen gesehen. Dieses hektische Eichhörnchenverhalten sorgte jedenfalls in keinster Weise dafür, dass ich produktiver wurde. Stattdessen hatte ich am Ende des Tages meist nur einen Haufen halb erledigter Aufgaben vor mir liegen. So richtig geschafft hatte ich nichts davon, und das war ein unbefriedigendes und entmutigendes Gefühl.

Mir diese vier Dinge einzugestehen, tat weh. Ich fühlte mich wie eine unselbstständige Versagerin, die in den letzten Jahren so ziemlich alles falsch gemacht hatte und nicht mal die kleinsten Alltagsdinge auf die Reihe bekam. And again: Draaama. Nachdem ich mich eine Weile lang in selbstmitleidigen Gedanken gesuhlt hatte, landete mein Kopf dann aber doch wieder in der Realität. So schlimm unfähig, wie ich mich gerade gefühlt hatte, war ich nun wirklich nicht. Außerdem war es doch schon mal ein Schritt in die richtige Richtung, mir diese Punkte einzugestehen, oder? Ich erinnerte mich an einen Spruch meines Vaters, der mich als Kind immer zur Weißglut gebracht hatte. »Einsicht ist der erste Schritt zur Besserung.« Den hatte ich jedes Mal zu hören bekommen, wenn ich zugab, dass ich gerade etwas falsch gemacht hatte, und für mich klang er früher immer nur nach einem triumphierenden »Hab ich's dir doch gesagt!«. Doch auch wenn mir natürlich klar war, dass es sich bei diesem Spruch jetzt nicht gerade um die Mördererkenntnis des Jahrhunderts handelte, funktionierte er in dem Moment irgendwie. Ich war zwar immer noch meilenweit davon entfernt, meinen Stressberg bezwungen zu haben, doch meine »Einsicht« darüber, wo meine Hauptprobleme lagen, half mir zumindest dabei, ihn ein kleines bisschen weniger gigantisch wirken zu lassen.

Übung: Warum bin ich gestresst?

Bis jetzt habe ich nur von mir selbst gesprochen, doch eigentlich ist das hier ja eine interaktive Geschichte. Kennt ihr noch diese Entscheidungsbücher, bei denen man erst mal nur bis zu einem bestimmten Punkt lesen konnte und dann gefragt wurde: »Soll Kim jetzt den dunklen, gefährlichen Waldweg nehmen? Dann lies weiter auf Seite 25. Oder soll Kim lieber die süße kleine Babykatze am Straßenrand streicheln? Dann blättere zu Seite 37!« An genau diesem Punkt sind wir hier auch angelangt. Nur dass ich euch leider keine Babykatzen anbieten kann, sondern lediglich die erste Übung. Ich hoffe, ihr seid jetzt nicht allzu enttäuscht. Falls ihr keine Lust darauf habt, dann springt einfach weiter zum nächsten Kapitel. Was bei mir dafür gesorgt hat, dass mein Stressberg immer größer wurde, habe ich euch gerade schon erzählt. Jetzt ist es an der Zeit, zu schauen, wo denn bei euch gerade der Schuh drückt. Stress kann aus den unterschiedlichsten Gründen entstehen, und meistens liegt die Wurzel allen Übels auch nicht nur in einer einzigen Sache. Wenn ihr möchtet, dann nehmt euch jetzt gern mal entweder ein Blatt Papier und einen Stift, ein Notizbuch eurer Wahl oder alternativ auch einfach euren Laptop zur Hand. Ich habe euch hier mal ein paar Möglichkeiten aufgeschrieben, die für euren Stress verantwortlich sein könnten. Dass ihr welchen habt, setze ich jetzt einfach mal voraus, denn ich glaube nicht, dass in unserer heutigen Gesellschaft noch irgendjemand völlig stressfrei durchs Leben geht. Falls das bei euch doch so sein sollte, dann schreibt mir auf jeden Fall eine Nachricht auf Instagram und verratet mir euer Geheimrezept. Ich bezahle in Schokokuchen! Die Punkte hier unten müssen nicht unbedingt auf euch zutreffen, denn jede und jeder von uns hat eigene Baustellen. Schreibt euch also gern erst mal die Sachen raus, denen ihr zustimmt, und überlegt dann noch mal eine Runde weiter, was in eurem Leben denn sonst noch eine Rolle spielen könnte.

MÖGLICHE GRÜNDE FÜR STRESS SIND:

- Ich habe keinen Überblick über meine Termine.
- Ich habe keinen Plan, was meine Ziele sind.
- Ich habe das Gefühl, mein Leben nicht im Griff zu haben.
- Ich habe zu wenig Zeit für mich selbst.
- Ich habe zu viel Chaos im Kopf.
- Ich fühle mich uninspiriert.
- Ich habe einfach keine Motivation.
- Ich fühle mich überfordert.
- Mir fällt es schwer, mich zu konzentrieren.
- Ich kann nicht »nein« sagen.
- Ich traue mich nicht, die Dinge zu tun, die ich gern tun würde.
- Ich denke zu viel über das nach, was andere über mich denken.

Übung: Bunte Stresslandschaft

Nachdem ich mir meinen persönlichen Mount Stress näher angesehen hatte, war es an der Zeit, mich auf die Suche nach der richtigen Kletterausrüstung zu machen. Sorry für die vielen Bergsteiger-Metaphern. Da merkt man, dass ich in Bayern aufgewachsen bin. Was ich damit eigentlich meine, ist, dass ich durch die obenstehende Übung herausgefunden habe, wie ich mich in Bezug auf meinen Stressberg fühle und was er in mir auslöst. Die Überforderung traf bei mir auf jeden Fall zu, genau wie der mangelnde Überblick über meine Termine, das Gefühl, mein Leben nicht mehr im Griff zu haben und einfach nicht genug Zeit für mich selbst zu finden. Die Kletterausrüstung bedeutete in dem Fall, dass ich herausfinden wollte, welche Tipps und Tricks mir dabei helfen würden, meine Zeit besser einzuteilen, mich besser fokussieren und mit meinen Ängsten umgehen zu können. Ganz typisch für meine innere Unruhe und Ungeduld hoffte ich natürlich, dass das alles ganz schnell gehen würde. Ich war der seltsamen Überzeugung, dass es mich stresse, Pausen zu machen, und wenn mich Leute in der Vergangenheit auf das Thema angesprochen hatten, hatte ich ihnen immer nur kopfschüttelnd geantwortet: »Na du bist ja lustig. Wo soll ich die Pausen denn unterkriegen? Ich hab doch so superviel zu tun, da bleibt gar keine Zeit dafür!« Aber woher genau kamen dieser Stress und diese Unruhe eigentlich? Was war es, das mich im Alltag so unter Druck setzte, oder wer? Ich hatte meinen Stress immer als selbstverständlich hingenommen und ihn noch nie wirklich hinterfragt. Na gut, dafür hätte ich mich ja auch in Ruhe mit ihm auseinandersetzen müssen, und dafür hatte ich nun wirklich absolut keine Zeit – Ironie des Schicksals. Als gestrandeter Wal stellte sich die Frage nach der Zeit dann praktischerweise nicht mehr, und so kamen mir plötzlich sehr viele Stressfaktoren in den Sinn, die alle möglichen Lebensbereiche umfassten.

Meine Chefin stresste mich, weil sie mir bei der Arbeit keine genauen Anweisungen gab, sondern immer davon auszugehen schien, dass ich in ihren Kopf schauen konnte und dort alle nötigen Infos fand. Wenn ich die Aufgaben, die sie mir gegeben hatte, dann nicht genau so umsetzte, wie sie es sich wünschte, reagierte sie gereizt.

Meine Familie stresste mich, weil sie mich ständig fragten, warum ich denn nicht schneller mit der Uni vorankam. Natürlich taten sie das nicht, weil sie wollten, dass ich mich schlecht fühlte. Sie machten sich einfach nur Sorgen und konnten mit meinem Job nicht wirklich viel anfangen. Ein Studium war für sie viel greifbarer als der ganze »Irgendwas mit Medien«-Kram, der für mich aber gleichzeitig meine große Leidenschaft und der Grund dafür war, dass ich mein Miete bezahlen konnte. Wenn ich es also wieder einmal geschafft hatte, meine Woche mit 60 Stunden Arbeit vollzustopfen und irgendwo noch drei Uniseminare dazwischenzuquetschen, setzten mich ihre Nachfragen wahnsinnig unter Druck.

Auch ich selbst stresste mich, weil ich sehr streng mit mir war und neben den Anforderungen von außen und all den Ängsten von innen auch einen ziemlich starken eigenen Ehrgeiz hatte, der mich vorantrieb.

Im Privatleben stresste mich eine gute Freundin, weil sie seit Monaten nur noch mit mir sprach, um ihre Sorgen und Probleme loszuwerden. Sie erwartete dann, dass ich Lösungen für sie fand, und reagierte genervt und enttäuscht, wenn ich ihr nicht weiterhelfen konnte.

Auch YouTube, das damals noch eine Mischung aus Hobby und Beruf für mich war, stresste mich, weil manche Zuschauer*innen von mir verlangten, absolut perfekt zu sein. Sobald sie mitbekamen, dass bei mir auch mal etwas nicht so gut lief oder ich auch nur einen Satz »falsch« formulierte, stürzten sie sich direkt darauf und überschütteten mich mit Anschuldigungen, was für ein schlechtes Vorbild ich doch sei. Dabei war ich doch auch nur ein Mensch und kein Roboter.

Neben diesen großen Brocken gab es aber auch einige sehr kleine Dinge, die an meinem Nervenkostüm nagten. Da war beispielsweise der Wasserkocher, in dem sich schon seit Wochen eine Kalkschicht abgesetzt hatte. Es wäre nur eine Sache von zehn Minuten gewesen, ihn wieder sauberzumachen, aber ich hatte so viel um die Ohren, dass ich einfach nicht dazu kam. Das galt auch für die Glühbirne in meinem Bad, die unbedingt ausgetauscht werden musste. Ich schaffte es einfach nicht, zum Baumarkt zu fahren, und so erleuchtete schon seit zwei Wochen meine Handytaschenlampe den fensterlosen Raum, wann immer ich Zähne putzte, duschte oder aufs Klo ging. Ich ärgerte mich Tag für Tag über diese Kleinigkeiten, und der Stress, den der dämliche Wasserkocher und die noch viel dämlichere Glühbirne in mir auslösten, wurde damit immer größer. Es war also ein ganz schön großer Haufen an Dingen, die zu dieser Zeit total chaotisch und unsortiert auf mich einprasselten, und weil ich irgendwie das Gefühl hatte, dass das Wissen darüber später noch wichtig für mich sein könnte, beschloss ich, sie genau so, wie sie kamen, aufzuschreiben.

In einem kleinen kreativen Anfall schnappte ich mir also ein paar Buntstifte und ein Blatt Papier und malte einfach drauflos. Je wichtiger und größer sich eine Sache anfühlte, desto bunter und auffälliger wurde sie auch. Manche Punkte umrahmte ich extra dick mit einem gelben Textmarker oder schrieb sie sogar mehrfach auf. Das fühlte sich zwar nicht ganz so gut an wie Farbbeutel gegen die Wohnzimmerwand zu schmeißen – eine Taktik, die ich in Filmen schon ganz oft bewundert hatte und unbedingt mal ausprobieren wollte –, aber es tat mir gut, hier ausnahmsweise mal den Bauch und nicht den Kopf sprechen zu lassen. Das bedeutete, dass ich nicht direkt zensierte, was ich eigentlich sagen wollte. Ich stellte quasi meinen inneren rationalen und analytischen Filter ab und schrieb das auf, was ich wirklich fühlte. Zwischendurch kam mir mal der Gedanke, was »die Leute« wohl über die Dinge denken mochten, die ich hier gerade in bunten Farben notierte, doch ich tat ihn schnell ab. Das Blatt sah ja schließlich niemand außer mir.

Wahrscheinlich vermutet ihr schon, was jetzt gleich folgt: Ganz genau, die nächste Übung. Wenn ihr mögt, dann schreibt euch einfach mal all die Dinge auf, die euch gerade stressen. Sowohl die großen Brocken als auch die Kleinigkeiten, denn sie sind meistens viel wichtiger, als wir glauben. Denkt an die Prinzessin auf der Erbse – die kann ein Lied davon singen! Haut also einfach mal, ohne euch genauer Gedanken darüber zu machen, alles raus, was euer Kopf so ausspuckt. Falls ihr eh schon länger mal euer Wohnzimmer umgestalten wolltet, dann zieht vielleicht auch mal die Farbbeutel in Betracht. Oh, und nur für den Fall, dass ihr nicht allein wohnt und jemand sauer darauf reagieren sollte: Die Idee kam nicht von mir!

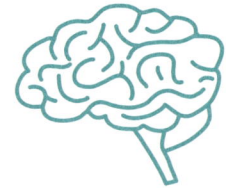

Übung: Stresscluster

In der Einleitung hab ich euch ja schon gestanden, dass ich eine olle Listen-Tante bin. Daher konnte ich das Chaos auf meinem Wutblatt natürlich nicht lange so stehen lassen. Ich überlegte eine Weile hin und her, wie ich wohl am besten Ordnung in meine Buntstiftexplosion bekommen konnte, und beschloss, die Dinge auf dem Blatt erst mal nach Kategorien zu sortieren. Was davon gehörte ins Privatleben, zu meinen Freund*innen, oder zu meiner Familie? Was zum Job, zur Uni oder zu meinen Hobbys? Während ich so vor mich hin sortierte, fielen mir dann auch gleich noch mal einige weitere Dinge ein, so als hätte ich gerade irgendwo in meinem Kopf einen Knoten gelöst, der sich dort in den letzten Jahren immer fester zugezogen hatte. Als ich das Gefühl hatte, dass nichts Neues mehr nachkam, überlegte ich mir bei allen Punkten, welche Gefühle sie in mir auslösten und was genau mich an ihnen stresste. In der Situation mit meiner Chefin fühlte ich mich unfair behandelt, bei meinen Eltern unverstanden und so, als würde ich sie enttäuschen. Die gute Freundin mit all ihren Sorgen und Problemen gab mir langsam, aber sicher das Gefühl, ausgenutzt zu werden, da sie mich ständig unterbrach, sobald ich auch mal etwas aus meinem Leben erzählen wollte. Die YouTube-Kommentare fühlten sich ungerecht an, und die Glühbirne und der Wasserkocher? Die nervten einfach nur.

Gleichzeitig bedeutete das alles aber z. B. nicht, dass ich meine Chefin nicht leiden konnte. Ganz im Gegenteil, ich mochte sie sogar sehr gern und beim Mittagessen in der Kantine hatte ich viel Spaß dabei, mit ihr zusammen Theorien zu unserer aktuellen Lieblingsserie zu spinnen oder darüber zu phantasieren, woraus die ziemlich klumpige »vegane Sahnesoße« auf dem Tagesgericht wohl bestehen mochte. Es war einfach nur ein bestimmter Punkt, der mich stresste: ihre unklaren Aufträge. Und auch bei anderen Dingen fiel es mir ähnlich leicht, den genauen Grund für den Stress herauszufinden.

Es gab aber auch Bereiche, die da schon trickreicher waren. Warum störte es mich beispielsweise so sehr, dass mein Freund sich ständig nur Dramen mit mir anschauen wollte und nie Lust auf unterhaltsame und lockere Filme hatte? Die Antwort darauf fand ich erst sehr viel später heraus, aber hier schon mal ein kleiner Spoiler: Weil ich ganz schön sensibel bin und mir diese Filme deswegen sehr zu Herzen nehme. Wenn im Film also jemand stirbt, dann fühlt es sich für mich fast so an, als hätte ich gerade im realen Leben einen geliebten Menschen verloren. Bleiben wir aber erst mal noch kurz bei der Übung. Falls ihr Lust habt, sie ebenfalls auszuprobieren, dann könnte das Ergebnis beispielsweise so aussehen:

STRESSFAKTOR	WARUM STRESST ES MICH?
PRÜFUNGEN	Ich habe dieses Semester vier Klausuren und muss drei Hausarbeiten schreiben. Mich stresst das, weil ich dank meines Nebenjobs nicht genug Zeit zum Lernen habe und dann immer nachts arbeite, statt genug zu schlafen. **Gefühl: Überforderung**
REFERAT	Ich muss übermorgen ein Referat halten. Ich bin gut vorbereitet, spreche aber so ungern vor anderen Menschen, dass ich mich am liebsten im Klo einschließen und nie wieder rauskommen würde. **Gefühl: Unsicherheit, Angst**
WG	Mein Mitbewohner stresst mich, weil er sich nie an unseren Putzplan hält und den Lebensmitteln im Kühlschrank langsam, aber sicher ein Fell wächst. Mir sind Ordnung und Sauberkeit viel wichtiger als ihm. **Gefühl: Ungerechtigkeit**

WER BIN ICH & WAS WILL ICH?

WIE FINDE ICH HERAUS, WAS ICH WILL?

Jetzt, da mein Stressberg so schön übersichtlich aufgedröselt vor mir lag, erwachte in mir der Tatendrang. Ja, es gab da tatsächlich eine Menge Baustellen, an denen ich dringend etwas ändern musste, doch das würde ich bestimmt irgendwie hinkriegen. Innerlich krempelte ich schon meine Ärmel hoch, bereit, mich mit aller Kraft auf das Projekt »Wir retten Lisas Kopf« zu stürzen, als genau der mich daran erinnerte, dass es in unserem Zusammenleben ja seit kurzem eine neue Regel gab. Die lautete: »Eins nach dem anderen und ganz langsam, sonst geht's gleich wieder zurück aufs Sofa, junge Dame.« Der ganze Spaß hier würde also Zeit brauchen. Ganz schön schwer zu akzeptieren für jemanden wie mich, denn wie bereits gesagt: Ich war und bin leider noch immer wahnsinnig ungeduldig. In langweiligen Gesprächen würde ich bei Leuten manchmal gern die Vorspultaste drücken, die zwanzig Minuten, die meine Kartoffelecken im Ofen brauchen, um so richtig knusprig zu werden, erscheinen mir unverschämt lang, und im Winter gehöre ich ganz klar zu den Leuten, die wieder und wieder krank werden, weil sie sich nie die Zeit nehmen, sich richtig auszukurieren. Hier wäre mir das fast auch passiert, doch mein Kopf hatte in unserer Wal-Phase einen erstaunlich scharfen Radar für Stress entwickelt und ließ daher nicht mehr zu als das, was ihm gerade wirklich

guttat. Vielleicht konnte es mir ja helfen, nicht mehr so viel zu meckern und zu jammern? Versteht mich an der Stelle bitte nicht falsch, ich finde Meckern und Jammern sehr wichtig, denn genau wie eine schöne Runde Frustheulen kann beides echt heilsam und befreiend sein. Wenn darauf dann aber kein Gegenvorschlag folgt, wie die Situation besser werden könnte, dann ändert sich auch nichts. Ich versuchte also, konstruktiv zu denken, und fragte mich, welchen Stress ich mir eigentlich selbst machte und welcher von anderen Leuten kam. Wo wir schon bei anderen Leuten sind: Brachten mir die Dinge, zu denen sie mich drängten, überhaupt etwas? Wozu sagte ich nur ja, weil ich das Gefühl hatte, ich müsste das jetzt tun, weil das so von mir erwartet wurde? Wollte ich denn überhaupt, dass mein Leben so aussah, wie es das bis jetzt getan hatte? Falls nicht, warum tat ich all diese Dinge dann trotzdem? Ich hatte doch nur ein Leben, und das konnte doch jederzeit vorbei sein! Was, wenn mich morgen ein Auto überfuhr und ich bis jetzt nur falsche Entscheidungen getroffen hatte? Selbst wenn ich 100 Jahre alt werden würde, dann hätte ich bald schon ein Viertel meiner Lebenszeit verbraucht und ... zack, war ich beim Versuch, Lösungen zu finden, wieder mal in eine klassische Sorgenspirale geschlittert. Mein Kopf zog pflichtbewusst die Notbremse, und so verbrachte ich den Rest des Nachmittags mit Netflix und einer Kuscheldecke auf dem Sofa. Na bravo. Da hatte ich schon versucht, es langsam angehen zu lassen, und doch waren es wohl immer noch zu viele große Fragen auf einmal gewesen. Vielleicht sollte ich mich mit ihnen lieber nacheinander einzeln beschäftigen. Den Blick zurück fand ich eigentlich ganz sinnvoll. Ich weiß nicht, wie es euch geht, aber ich erkenne mit ein bisschen Abstand immer deutlich klarer, welche Dinge bei mir schiefgelaufen sind und wo ich mich vielleicht besser anders verhalten hätte. Außerdem bin ich ein großer Fan von Silvester und Neujahr, auch wenn unrealistische Vorsätze eher nicht so mein Ding sind. Ich nehme einfach nur gern die ganze motivierte Jahresabschlussdynamik mit, um mir Gedanken darüber zu machen, was ich im letzten Jahr gut fand und welche Pläne ich für das nächste Jahr habe. Ich erinnerte mich an die letzten Male zurück, und mir fiel auf, dass ich im Rückblick häufig Muster und blöde Gewohnheiten entdeckt hatte, die bestimmt untergegangen wären, wenn ich mich einfach immer nur auf den jeweils nächsten Tag oder generell auf die Zukunft konzentriert hätte. Außerdem bekam ich ein Gefühl dafür, welche Menschen in meinem Umfeld mir nicht guttaten und mit wem ich daher vielleicht in Zukunft lieber etwas weniger Zeit verbringen sollte. Doch nicht nur die negativen Dinge spielten eine Rolle. Auch die Momente, in denen es mir besonders gut ging, schaute ich mir genau an. Ich habe beispielsweise mit zwei Freunden das kleine Ritual, dass wir uns immer am ersten Januar schreiben, was für uns der jeweils schönste Tag des vergangenen Jahres gewesen ist. Irgendwann fiel mir auf, dass ich darauf bereits zum dritten Jahr in Folge »Unser gemeinsamer Tag am See« geantwortet hatte. Wir hatten jedes Mal einen Picknickkorb voller Snacks dabeigehabt, waren schwimmen gegangen, hatten uns ein Tretboot gemietet und mitten auf dem Wasser Eis gegessen. An den Tagen selbst war mir gar nicht so stark bewusst gewesen, wie sehr ich die Zeit gerade eigentlich genoss, doch als ich mich dann daran zurückerinnerte und mir die Fotos ansah, die wir an dem Tag gemacht hatten, zeigte mir mein entspannter und zufriedener Gesichtsausdruck, dass es ganz offensichtlich so war. An sich ist so ein Tag am See ja keine große Sache, aber für mich war es das. Meine Freunde und ich wohnten nicht in derselben Stadt, und wenn wir uns einmal sahen, dann war es etwas Besonderes. Mir dessen bewusst zu werden, hat dafür gesorgt, dass ich dieses Thema ab dann sehr viel klarer auf dem Schirm hatte. Ich habe mit meinen Freunden darüber gesprochen, und seitdem achten wir alle drei darauf, häufiger zusammen Ausflüge in die Natur zu unternehmen. Wenn dieser Rückblick in dem Fall also so gut funktioniert hatte, dann sollte ich es vielleicht noch mal probieren. Na gut, es war gerade nicht der 31. Dezember, sondern Mitte März. Doch wer sagte eigentlich, dass man sich nur am Jahresende Gedanken über diese Themen machen durfte?

Ich schrieb mir also erst einmal zwei sehr simple Fragen auf, bei denen ich mir sicher war, dass ich sie beantworten konnte, ohne dass gleich wieder das große Gefühlschaos losbrechen würde. »Was hat im letzten Jahr gut funktioniert?« und »Was hat im letzten Jahr NICHT gut funktioniert?«. Die Sache mit dem Jahr behielt ich bei. Einfach nur so als grobe Orientierung. Ob das jetzt drei Monate mehr oder weniger waren, spielte für mich keine so große Rolle. Damit meine Listen nicht endlos lang wurden, beschränkte ich mich auf jeweils fünf Dinge.

Gut funktioniert hatte, dass ich einige Reportagen für meinen Job gedreht hatte, mit denen ich sehr zufrieden war. Ich hatte eine Hausarbeit zu einem Thema geschrieben, das mir wichtig war, und eine gute Note dafür bekommen. Meine YouTube-Videos kamen gut an, und es machte mir Spaß, sie zu drehen. Ich hatte einen Haufen neuer Rezepte ausprobiert, die wirklich gut schmeckten, und ich war endlich mit meinen engsten Freund*innen in den Urlaub gefahren, was wir uns davor schon jahrelang vorgenommen hatten.

Nicht so gut gelaufen waren ganz offensichtlich alle Punkte, die ich mir zuvor als Stressfaktoren aufgeschrieben hatte. Um mich nicht zu wiederholen, notierte ich zusammenfassend »Die Sache mit dem gestrandeten Wal« und ergänzte, dass ich die Regelstudienzeit an der Uni überschritten hatte. Außerdem war der Kontakt zu einer Freundin abgebrochen, die mir früher einmal sehr wichtig gewesen war, ich hatte es nicht geschafft, zum Geburtstag meiner Mutter nach Hause zu fahren, und unter meinem Bett lebten inzwischen hamstergroße Fusselmonster. Die drei größten hatte ich Friederike, Jonathan und Kevin getauft.

Danach fragte ich mich, was die größten Veränderungen im letzten Jahr gewesen waren und wer oder was in meinem Leben einen Unterschied gemacht hatte. Ich schrieb auf, wofür ich dankbar war (eventuell standen Kartoffelchips dabei sehr weit oben auf der Liste), und weil die Neujahrstradition mit meinen beiden Freunden diese ganze Fragerunde ausgelöst hatte, schrieb ich mir direkt noch eine längere Liste der schönsten Momente des letzten Jahres. Es waren Situationen, die mich zum Lachen gebracht hatten oder in denen ich einfach nur glücklich gewesen war. Die Details solcher Momente vergesse ich auf Dauer gern mal, und gerade an miesen

Tagen hilft es mir inzwischen sehr, mir die Listen der letzten Jahre anzuschauen. Sie zeigen mir, dass ich mich zwar in diesem Moment nicht gut fühle, der ganze Mist aber eigentlich nur einen kleinen Teil meines Lebens ausmacht. Die Erinnerung daran, wie ich mal, eine riesige Schüssel mit frischen Himbeeren umklammert, in der Tür einer Münchner U-Bahn stecken geblieben war und meine Freundinnen es nur mit vereinten Kräften geschafft hatten, mich dort wieder herauszubefördern, versüßt mir jedes Mal aufs Neue den Tag. Genau wie die an eine Autofahrt mit meinen Unifreunden, bei der wir mit offenen Fenstern über die Rheinbrücke von Düsseldorf zurück nach Köln gefahren waren und dabei mit dramatisch durch die Gegend fliegenden Haaren den Text von »I will always love you« in Richtung unserer Heimatstadt gesungen (okay, eigentlich eher gebrüllt) hatten.

Falls ihr jetzt auch Lust bekommen habt, die Fragen für euch zu beantworten, dann habe ich sie euch hier noch mal aufgeschrieben:

- Welche fünf Dinge haben im letzten Jahr gut funktioniert?
- Welche fünf Dinge haben im letzten Jahr nicht so gut funktioniert?
- Was waren die größten Veränderungen im letzten Jahr?
- Wer hat in eurem Leben einen Unterschied gemacht und wie?
- Wofür seid ihr besonders dankbar?
- Was waren die schönsten Momente des letzten Jahres?

BLICK NACH VORNE

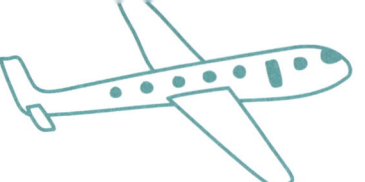

Nach dem Blick zurück war es irgendwie der logische nächste Schritt, auch nach vorn zu schauen. Irgendwann musste ich mich ja wohl oder übel mit der Zukunft und meiner Angst vor ihr auseinandersetzen. Die richtige Strategie dafür zu finden, war allerdings so eine Sache. Eine Möglichkeit wäre es gewesen, mir zu sagen »Joa, ich nehm das halt alles so, wie es kommt« und nur an den nächsten Tag, die nächste Woche oder vielleicht maximal noch an das nächste Jahr zu denken. So machten es zumindest viele meiner Freund*innen. Für uns alle, mich eingeschlossen, war das, was nach dem Ende unseres Studiums kommen sollte, eine sehr undefinierbare, nebelige Suppe. Deswegen war es eine beliebte Taktik, einfach nicht darüber nachzugrübeln und sich keine allzu großen Sorgen zu machen. Würde schon alles werden.

Zu einem gewissen Teil sprach mich diese Taktik auch an. Sie erinnerte mich an Beppo Straßenkehrer aus dem Buch »Momo«. Der schaute sich auch nicht die ganze dreckige Straße an und verzweifelte an der riesigen Menge an Arbeit, die noch vor ihm lag. Stattdessen konzentrierte er sich nur auf den nächsten Besenstrich. Dadurch kam er entspannter voran und am Ende tatsächlich an sein Ziel. Der Unterschied zwischen Beppo und mir war nur leider einfach der, dass er seine Straße, und damit zu einem gewissen Teil auch seine Zukunft, ganz klar vor sich sehen konnte. Ich hingegen fühlte mich, als wäre meine Straße eine unübersichtliche Huckelpiste. Und die lief ich auch nicht gemütlich mit einem Besen in der Hand entlang, sondern es war eher, als würde ich in einem selbstfahrenden Auto ohne Lenkrad sitzen. Manchmal fühlte es sich an, als würden nur noch die äußeren Umstände darüber entscheiden, was ich tat. Dann war es, als hätte ich die Kontrolle über mein Leben verloren – obwohl ich doch extra keine Jogginghosen trug! Drama, Karl, Drama. Doch selbst mit einem etwas realistischeren Blick auf die ganze Sache entsprach es auf jeden Fall der Wahrheit, dass ich viel zu oft einfach nur blind nach allen Dingen griff, von denen ich glaubte, dass sie mir Sicherheit bieten konnten. Ich nahm im Job eine Aufgabe nach der anderen an, und wann immer sich mir die Gelegenheit bot, irgendwo einen Fuß in eine Tür zu bekommen, streckte ich ihn aus – ohne darauf zu achten, ob es überhaupt die richtige Tür für mich war. Die Sicherheit, die ich so Schicht für Schicht um die Zukunftsangst herum aufbaute, fühlte sich an, als würde ich mein Gehirn in Watte wickeln. Zu einem gewissen Grad half es tatsächlich dabei, die Stimme der Zukunftsangst zu dämpfen. Doch leider konnte ich das Ergebnis nicht genießen, denn für Entspannung war in meinem Terminplan jetzt schlichtweg kein Platz mehr.

Wie sollte es also weitergehen? »Weniger von allem machen« wäre vielleicht eine gute Zukunftsstrategie, aber das klang mir noch zu kryptisch. Bei der Suche nach den Stressfaktoren war es hilfreich gewesen, mir zu überlegen, welche Gefühle sie in mir auslösten. Die waren natürlich alle negativ gewesen, doch ich hatte jetzt definitiv Bock darauf, mich auf die schönere Seite der Medaille zu konzentrieren. Wie würde ich mich also stattdessen lieber fühlen? »Entspannter und organisierter« kam mir da sofort in den Sinn, und nach einer Weile ergänzte ich dann noch »selbstbewusster«. Nur mit mehr Selbstbewusstsein würde ich es hinkriegen, häufiger nein zu sagen. Dann würde es auch seltener dazu kommen, dass ich Aufgaben annahm, für die ich gerade keine Zeit hatte oder für die mir vielleicht auch manchmal einfach die Lust fehlte.

Neben diesen Gefühlen nahm ich mir auch vor, einige neue Dinge in mein Leben zu integrieren. Ich wusste zu dem Zeitpunkt bereits, dass ich bald aus beruflichen Gründen von Köln nach Berlin ziehen würde. Das war definitiv eine Sache, die bei mir Zukunftsangst auslöste, denn sie bedeutete, dass ich meinen Job in Köln aufgeben und all meine Freund*innen dort zurücklassen würde. Stattdessen wäre da dann Berlin. Dort kannte ich zwar schon ein paar Leute, was zumindest ein guter Anfang war, aber dennoch machte ich mir Sorgen, nach dem Umzug sehr einsam zu sein. Das wollte und durfte ich nicht zulassen. Ich nahm mir also vor, an diesem Punkt mit dem »Entspannter-und-selbstbewusster-Werden« zu beginnen und »ja« zu Berlin zu sagen. Wow, klang das bescheuert. Was ich damit meinte, war, dass ich mich häufiger trauen wollte, auf Leute zuzugehen. Früher im Sandkasten hatte »Wollen wir Freunde sein?« doch auch immer gut geklappt, warum sollte das zwanzig Jahre später also nicht noch genauso funktionieren? Das Schlimmste, was passieren konnte, war, dass jemand nein sagte, und dann konnte ich ihm oder ihr ja immer noch eins mit der Plastikschaufel überbraten. Außerdem wollte ich auch häufiger Dinge allein unternehmen und meine neue Stadt so erkunden, wie ich Lust darauf hatte. Das klang auch nach einer Sache, die zu einer selbstbewussteren Lisa passen könnte. In Köln hatte ich immer nur etwas gemeinsam mit anderen Leuten unternommen, und so schön das auch war, mussten wir alle uns dabei dann doch wieder und wieder auf Kompromisse einlassen. Konstantin brauchte immer ewig im Bad, und wir gingen dadurch erst viel später los als geplant. Marie wollte noch kurz zu einem Kiosk, der eigentlich gar nicht auf dem Weg lag, aber nur dort gab es diese eine spezielle Matesorte, ohne die sie gerade leider einfach nicht leben konnte. Can hasste die U-Bahn und wollte lieber mit dem Auto fahren, aber mir wurde bei seinem ruckartigen Fahrstil immer schlecht, und ich plädierte deswegen sehr bestimmt dafür, doch die Öffis zu benutzen. So ging es dann hin und her, und auch wenn wir trotzdem immer eine gute Zeit miteinander verbrachten, war es auch mal ganz schön, dann und wann mal allein das Ruder in der Hand zu haben.

Ein Ziel fürs »Organisierterwerden« war es, endlich mal wieder etwas zu tun, was nichts mit meinem Job zu tun hatte. Wenn man sein Hobby zum Beruf macht, dann fällt das ja gerne mal hinten runter, und mir war das lange nicht aufgefallen. Schließlich verbrachte ich ja die meiste Zeit mit Dingen, die mir Freude bereiteten. Das war natürlich auf der einen Seite toll, auf der anderen Seite waren diese Dinge aber eben auch dafür da, dass ich jeden Monat meine Miete bezahlen konnte. Das bedeutete, dass ich sie nicht mehr einfach nur entspannt machen konnte, wann immer ich Lust dazu hatte, sondern dass immer ein gewisser Leistungsdruck mit ihnen verbunden war. Deswegen fand ich den Gedanken schön, zwischendurch auch mal wieder etwas tun zu können, bei dem ich kein Ergebnis abliefern musste, sondern mich einfach nur ausprobieren und Spaß haben konnte. Ich hatte Lust, wieder mit dem Klavierspielen anzufangen oder mich mit Zeitungsausschnitten und Glitzerstiften auf ein Notizbuch zu stürzen und daraus irgendeine kreative Mischung aus Tagebuch und Fotoalbum zu gestalten. Beides habe ich früher gern gemacht, dann aber aus Zeitgründen aufgegeben. Dabei waren diese Dinge für mich immer schon eine gute Art und Weise gewesen, mich zu entspannen und mich vom stressigen Alltag abzulenken.

Übung: Was soll sich ändern?

Wie möchtet ihr euch in Zukunft fühlen und welche Ideen habt ihr, um diese Gefühle zu erreichen? Das müssen keine riesigen, weltbewegenden Dinge sein. Manchmal machen da auch Kleinigkeiten schon einen sehr großen Unterschied! Setzt euch mit Zettel und Stift irgendwo ins Grüne oder wo ihr euch eben sonst so wohlfühlt, hört eure Lieblingsmusik und notiert euch eure Wünsche für die Zukunft.

SO SÄHE MEINE PERFEKTE ZUKUNFT AUS

Die kleinen Veränderungen, die ich mir für das nächste Jahr vorgenommen hatte, fühlten sich so gut an, dass ich Lust bekam, noch weiter zu träumen. Als Kind hatte ich das leidenschaftlich gern getan, denn die Realität war mir nie aufregend genug gewesen. So lief ich also jeden Montag zur kleinen Stadtteilbücherei zwei Straßen weiter und stopfte dort ein Buch nach dem anderen in meine mitgebrachten Jutebeutel. Ganz aufgeregt trug ich sie dann nach Hause, bereit dazu, mit Pippi Langstrumpf auf Schatzsuche zu gehen, mit Prosper, Bo und dem Herrn der Diebe durch Venedig zu laufen oder mit Harry, Ron und Hermine gegen Dementoren zu kämpfen. Die Abenteuer einfach mal selbst, in der realen Welt zu erleben, kam mir dabei nie in den Sinn. Generell setzte ich mich nur äußerst selten mit meinen Wünschen und Vorstellungen für mein eigenes Leben auseinander. Vielleicht lag das daran, dass ich mir selbst nicht zutraute, sie wahr werden zu lassen. Ich war nicht so mutig wie Hermine oder so stark wie Pippi, also wollte ich mir erst gar keine Hoffnungen machen. Mich in ihre Welten hineinzuträumen, war da viel einfacher.

Inzwischen weiß ich, dass es natürlich Träume gibt, die absolut unrealistisch sind. Ich würde gern mal die Erde vom Mond aus betrachten, aber mir ist ja schon das Geruckel von Flugzeugen bei Luftlöchern zu viel. Ich hätte auch gern einen riesigen Bauernhof, auf dem Tiere einfach leben dürfen, ohne dass ihnen jemand auf die Nerven geht, doch ich würde es in meinem momentanen Alltag noch nicht mal hinkriegen, mich um einen Hamster zu kümmern.

Andere, etwas kleinere Ziele klingen auch oft unerreichbar, müssen es aber gar nicht unbedingt sein. Ein Buch zu schreiben, beispielsweise. Das war jahrelang mein Traum, doch statt dass ich mich einfach mal an den Schreibtisch gesetzt und losgelegt hätte, las ich weiterhin nur die Texte anderer Menschen.

Vor ein paar Jahren kam dann aber der entscheidende Moment, der alles veränderte – immer ein guter Satz für den Anfang einer Geschichte. Ich saß zu diesem Zeitpunkt gerade ein extrem langweiliges Praktikum in der Online-Redaktion einer Zeitung ab. Ich brauchte es für mein Stipendium, doch meine einzige Aufgabe dort bestand darin, Texte der »richtigen« Journalist*innen in ein System zu kopieren und sie anschließend mit einer passenden Überschrift zu versehen. Das tat ich nun bereits seit fünf Wochen, und meine Zeit mit diesem absoluten Minimum an kreativer Eigenleistung verbringen zu müssen, war zum Aus-der-Haut-Fahren. Es hing mir einfach zum Hals heraus, und wenn mein Kopf nicht bald etwas anderes zu tun bekam, dann würde ich wohl oder übel eine der Glaswände einschlagen müssen, die meinen Arbeitsplatz inmitten des schicken, modernen Großraumbüros umgaben. Um also nicht komplett vor Langeweile einzugehen, begann ich die Phasen, in denen es gerade einmal keine Texte zu kopieren und zu betiteln gab, dafür zu nutzen, ein grobes Buchkonzept zu erstellen. Es bestand erst mal nur aus einem Satz: »Ein Ratgeber für Jugendliche, so geschrieben, als würde man Tipps von einer großen Schwester bekommen.« Ich überlegte mir mögliche Themen und stellte sie zu einer kleinen Gliederung zusammen. Die war zu Beginn sehr kurz, wurde aber von Tag zu Tag länger. Ich begann, mir nähere Gedanken zu den einzelnen Themen zu machen, notierte erste Stichpunkte und formulierte irgendwann sogar die eine oder andere Seite aus. Ein Jahr später stand dann mein erstes Buch »Wie ich aufhörte, perfekt sein zu wollen« und ich fragte mich, wie genau das jetzt eigentlich passiert war. Warum war diese Sache, die ich nie als einen tatsächlich umsetzbaren Plan in meinem Kopf gehabt hatte, plötzlich doch wahr geworden? Bedeutete das vielleicht, dass ich mir auch bei anderen Themen erlauben sollte, größer zu denken? Die Antwort darauf ist »Ja!«.

Deswegen habe ich, als ich meine ersten Ziele für »Organisierter-selbstbewusster-und-entspannter-Werden« aufgeschrieben habe, einfach mal die Gunst der Stunde genutzt und ein bisschen weitergedacht. Dafür musste ich erst mal geistig die Scheuklappen abmontieren, die meinen Kopf zuvor davon abgehalten hatten, über den Tellerrand zu blicken. Auch meinen »Das klappt doch eh nie«-Filter deaktivierte ich für eine Weile und erlaubte mir, einfach mal frei in alle Richtungen zu denken.

Wo würde ich später gern leben? Berlin war aktuell der Plan, und das klang auch erst mal sehr gut. Auf lange Sicht fände ich es aber auch schön, in einer kleineren Stadt zu leben, in der es weniger Menschen und mehr Natur gab. Vielleicht in der Nähe eines Waldes oder sogar am Meer.

Was würde ich beruflich gern machen? Noch mehr Bücher schreiben wäre toll. Vielleicht auch mal eine fiktionale Geschichte oder sogar ein Kinderbuch. Eine Rolle in einem Animationsfilm zu sprechen, fände ich auch cool, und als Journalistin würde ich natürlich ebenfalls gern weiterhin arbeiten wollen.

WER BIN ICH & WAS WILL ICH?

Mit welchen Menschen würde ich mich gern umgeben? Auf jeden Fall mit Leuten, die mich inspirieren und die ein gutes Herz haben. Dabei sah ich direkt schon die Bilder einiger meiner Freund*innen vor meinem inneren Auge. Wenn es möglich war, dann würde ich diese Menschen gern mein Leben lang um mich haben wollen. Ob ich mal heiraten wollte, wusste ich nicht, aber ich war auf jeden Fall ein Familienmensch und liebte Kinder. Falls ich selbst kein Kind bekommen könnte, dann würde ich gern eines adoptieren.

Was gab es denn, was ich sonst noch gern erleben wollte? Sprünge aus Flugzeugen und andere Dinge, die Adrenalinkicks (beziehungsweise in meinem Fall Todesangst) auslösen, mussten definitiv nicht sein, aber ich würde gern noch mehr Länder bereisen, um die Welt besser verstehen zu lernen. Auf eine Interrailtour kreuz und quer durch Osteuropa hätte ich Lust, und die Atacama-Wüste in Chile möchte ich auch unbedingt mal sehen. Dasselbe gilt auch für die Nordlichter in Skandinavien!

Wenn ich dann noch einen Wunsch frei hätte, dann würde ich gern ein bisschen klischeehaft werden. Ich finde die Vorstellung wunderschön, irgendwann als Oma mit einem frisch gepressten Orangensaft in der Hand und einem Hund auf meinem Schoß in einem gemütlichen Stuhl auf der Terrasse zu sitzen und meinen Enkelkindern beim Spielen zuzusehen. In meiner Zukunftswelt gäbe es übrigens keine Smartphones mehr, und Kinder fänden es plötzlich wieder cool, durch die Natur zu rennen. Aber hey, man wird ja wohl noch träumen dürfen.

Diese Tagträume sind definitiv keine Zeitverschwendung, denn sie zeigen sehr klar, was wir uns vom Leben wünschen und in welche Richtung wir gern gehen würden. Ich fühlte mich dadurch deutlich klarer und sicherer als zuvor. Indem ich diese Träume ernst nahm, konnte ich aus ihnen viele kleine und große Ziele ableiten, von denen ich einige sogar bereits umgesetzt habe. Am Rest arbeite ich noch. Wieder einmal langsam, Schritt für Schritt.

Übung: Tagträumen

Falls ihr jetzt auch Lust auf eine Runde Tagträumen habt, dann sind hier noch mal die Fragen:

- Wo würde ich später gern leben?
- Wie soll mein Job aussehen?
- Welche Menschen möchte ich um mich haben?
- Was möchte ich sonst noch erleben?

Wenn euch noch weitere Aspekte einfallen, von denen ihr gerne tagträumen wollt, nur zu!

Community-Time: Träume

Ich persönlich finde es immer schön, ein paar Anregungen von anderen Menschen zu bekommen. Vor allem dann, wenn meine Kreativität gerade so ein bisschen vor sich hin dümpelt und mir einfach nichts Gutes einfallen will. Damit diese Anregung hier im Buch nicht nur von mir kommt, wollte ich gern auch euch und euren Erfahrungen einen Platz geben. Das hier ist deswegen der erste von vier Community-Teilen. Ich habe euch über den Fragensticker auf Instagram nach euren größten Träumen gefragt. Eure Antworten darauf haben mich sehr beeindruckt, und ich habe mich wirklich schwergetan, nur ein paar davon auszuwählen.
Hier ist ein kleiner Einblick:

- Mal hinter dem Tagesschau-Pult stehen

- Einen Dokumentarfilm mit internationaler Reichweite machen

- Einen Abend mit Jennifer Lawrence verbringen

- Urlaub in einem Tiny House an einer einsamen Küste drehen

- Meine Buchreihe in einem großen Verlag veröffentlichen

- Eine richtig gute Lehrerin werden

- Einen Bauernhof mit geretteten Tieren haben (mit dem Traum bin ich also nicht allein)

- Mich mit einer veganen Konditorei selbstständig machen

- Nach Schweden auswandern

COMMUNITY

- Bundeskanzlerin werden

- Einen eigenen Unverpacktladen eröffnen

- Mal bei einer Oscar-Verleihung dabei sein. Egal, als wer oder was. Einfach nur im Raum sein.

- Ein Hospiz eröffnen und es leiten

- Eine Weltreise im Wohnmobil

- Opernsängerin in der National Opera sein und mit 34 Katzen in einer mysteriösen Villa wohnen

- Als Spieleentwicklerin arbeiten und Games kreieren, die über nachhaltige und inklusive Themen aufklären

- Dabei helfen, eine Mond- oder Marsbasis zu errichten

- Diplomatin werden und die Welt vielleicht ein kleines bisschen besser machen

- Von meiner Kunst leben können und dabei zu mir selbst finden

- Synchronsprecherin werden. Falls das nicht klappt: professionelle Meerjungfrau

ZIELE ERREICHEN DURCH VISION-BOARDS

Die nächste Sache gehört ganz klar in die Kategorie »Dinge, die mir so penetrant auf YouTube empfohlen wurden, dass ich irgendwann einfach nachgegeben und sie ausprobiert habe«. Ich rede in diesem Fall nicht von irgendeiner neuen »Extreme Volume Waterproof Glamour Look Mascara«, sondern von einem Vision-Board. Falls ihr euch fragt, was zur Hölle das sein soll: Vision-Boards sind Collagen, die uns durch Visualisierung dabei helfen sollen, unsere Ziele besser zu erreichen. Sie dienen also dazu, all die schönen Träume, die wir uns gerade so kunterbunt ausgemalt haben, auch tatsächlich Realität werden zu lassen. Kunterbunt ist hier übrigens das Stichwort, denn es ist an der Zeit, eure Bastelkiste aus dem Keller herauszukramen! Falls eure Art-Attack-Phase, ähnlich wie bei mir, auch schon eine Weile her ist, dann habt ihr vielleicht kleine Geschwister oder eine bastelfreudige Person in eurem Freundeskreis, die bereit ist, euch Sachen aus ihrem Vorrat zu leihen.

Zugegeben, ich persönlich war der ganzen Sache gegenüber erst einmal kritisch. Ich habe Kunst nach der neunten Klasse abgewählt, was natürlich nur daran lag, dass ich die Alternative dazu, Musik, so viel lieber mochte und nicht etwa daran, dass ich nur in den seltensten Fällen über ein »Lisa war anwesend und stets bemüht« hinaus kam. Die Aussichten auf Erfolg bei künstlerischen Projekten waren also nicht gerade rosig, aber wie auch schon bei meinen Tagebuch-Fotoalbum-Kreationen stellte sich heraus, dass ich Collagen gerade noch so hinbekam. Bevor mein romantisches Date mit Tonpapier und Klebestift beginnen konnte, setzte ich mich erst einmal einen Nachmittag lang vor Pinterest und Instagram und gab dort Hashtags und Suchbegriffe ein, die zu meinen Träumen und Wünschen passten.

Was genau auf eurem Vision-Board zu sehen sein soll, ist ganz und gar euch selbst überlassen. Das gilt auch für die Menge und Größe der Bilder. Ich habe ein großes Plakat an meiner Wand hängen, aber ein DIN-A4-Blatt tut es auch. Falls ihr nichts aufhängen wollt, könnt ihr statt eines Boards auch einfach ein Vision-Book basteln. So würde ich es jedenfalls nennen, wenn ich die Bilder in ein Notizbuch statt an die Wand kleben würde. Funktioniert genauso. Mögliche Motive wären beispielsweise Orte, an die ihr gern reisen würdet. Auf meinem aktuellen Vision-Board kleben Fotos von Rom, den Alpen und von der Ostsee. Bilder von Essen landen auch konsequent in meiner Sammlung, und sie kleben dieses Jahr neben Fotos von Regalen voller Einmachgläser, weil es gerade mein Ziel ist, weniger Plastikmüll zu produzieren. Um mich selbst noch weiter bei meinem bescheuert klingenden »Sag ja zu Berlin«-Vorhaben zu unterstützen, habe ich mir auch Bilder von Cafés herausgesucht, die ich gern mal besuchen möchte. Ich bin, was das angeht, ein richtiges Gewohnheitstier und renne seit fast zwei Jahren regelmäßig zu den gleichen Restaurants. Das hat zur Folge, dass mich die Mitarbeiter dort inzwischen beim Namen kennen und sich wahrscheinlich fragen, ob ich kein Zuhause habe. Außerdem gibt es noch Fotos von Badewannen, die für mehr Entspannung stehen, und von Händen, die auf Laptops tippen. Damit ist dieses Buch hier gemeint und wohl oder übel auch meine Bachelorarbeit.

Manchmal reicht es auch, wenn die Bilder gar keiner konkreten Sache zuzuordnen sind, sondern einfach nur für ein Gefühl stehen, das ihr gern in euer Leben integrieren möchtet. Euer Vision-Board muss dabei keinen Preis für das schönste Design des Jahres gewinnen (das tut mein »Kunstwerk« ganz sicher auch nicht), denn es ist nur für euch selbst gedacht. Euer fertiges Plakat hängt ihr dann gut sichtbar an einem Ort in eurer Wohnung auf, an dem ihr garantiert jeden Tag vorbeilauft. Falls ihr euch für ein Vision-Book entschieden habt, legt ihr es beispielsweise auf euren Nachttisch. Der Trick hinter dieser ganzen Visualisierungssache ist, dass die Bilder sich so klammheimlich einen Weg in euer Unterbewusstsein bahnen können. Falls ihr jetzt Szenen aus dem Film »Alien« vor eurem inneren Auge seht: Das meine ich damit nicht. Es geht eher darum, sich durch die Fotos regelmäßig daran zu erinnern, welche Dinge, Menschen, Gefühle und Erfahrungen man gern in seinem Leben haben möchte. Das mag nicht für alle von euch funktionieren, aber ich habe ganz klar gemerkt, wie sich mein Fokus dadurch mehr auf meine Träume und Wünsche gelegt hat. Dadurch konnte ich ungelogen fast alle davon umsetzen, statt sie zu den berühmt-berüchtigten »guten Vorsätzen« verkommen zu lassen, die man sich sonst so gern an Silvester aufschreibt, nur um sie dann für den Rest des Jahres schulterzuckend links liegen zu lassen. Das Vision-Board dieses Jahr ist übrigens meine Nummer drei, und langsam werde ich sogar besser darin, die Dinger halbwegs ästhetisch zu gestalten.

WAS SIND MEINE WERTE?

Nachdem ich meine kleine Runde Wunschkonzert beendet und mein Vision-Board an meine Schlafzimmerwand geklebt hatte, war mir schon mal deutlich klarer als zuvor, wo die Reise hingehen sollte. Natürlich waren das jetzt alles keine Dinge gewesen, über die ich zum allerersten Mal nachgedacht hatte, doch ich hatte mir noch nie zuvor die Zeit genommen, es so grundlegend und ausführlich zu tun. Wie es dann häufig so ist, wenn man sich intensiver mit Dingen auseinandersetzt, rutschte ich unbemerkt immer tiefer in das ganze Thema hinein. Plötzlich ergaben sich Tausende weiterer spannender Punkte, die förmlich danach schrien, dass ich mir den Kopf über sie zerbrach. An einem besonders philosophischen Tag (jedenfalls kam ich mir dabei sehr philosophisch vor) stellte ich mir dann also die Frage, wie es eigentlich um meine »Werte und Prinzipien« bestellt war.

Ein Teil von mir wollte direkt dramatisch zum Bücherregal stürmen und »Sofies Welt« um Rat fragen, doch abgesehen davon, dass dieses Buch einfach viel zu viele Theorien enthält, die sich kein Mensch merken kann, würde ich die Antwort auf meine Frage vermutlich nur in mir selbst finden. Was für eine Erkenntnis. Ich wäre 'ne tolle Protagonistin für einen Superheldenfilm. Mit dem kleinen Unterschied, dass ich diesen weisen Ratschlag, in mich zu gehen und dort nach der Lösung zu suchen, glücklicherweise schon so oft in anderen Filmen gehört hatte, dass ich mir den Weg zu dem ho-

hen, verschneiten Berg sparen konnte, auf den ich klettern müsste, um dort einen alten Mann mit langem, weißem Bart danach zu fragen. Wie praktisch.

Also, zurück zum Thema: Für welche Werte und Prinzipien stand ich eigentlich? Eigentlich war das gar keine so blöde Frage. Es klang sogar eher so, als könnte sie ein ziemlich guter Kompass im Leben sein. Bestimmt half sie auch in der einen oder anderen Situation dabei, Prioritäten zu setzen und Entscheidungen zu treffen. Da ich Nachhilfe in dem Bereich sehr gut gebrauchen konnte und gerade eh nichts Besseres zu tun hatte, setzte ich mich also aufs Sofa und begann, über das Thema nachzudenken.

So grob wusste ich natürlich schon, was meine Werte waren. Ich wollte irgendwie ein guter Mensch sein, zuverlässig, eine gute Freundin, solche Dinge halt.

Sonderlich konkret, hilfreich oder gar philosophisch war das nicht gerade. Vielleicht sollte ich an das Ganze eher wie an eine Hausarbeit für die Uni herangehen. Also erst mal nach einer vernünftigen Begriffsdefinition suchen, bevor ich weitermachte. Sehr erleichtert darüber, dass mir mein Studium endlich mal im Alltag weiterzuhelfen schien, gab ich also den Begriff »Werte« bei der Öko-Suchmaschine meines Vertrauens ein. Ecosia spuckte mir folgende Definition aus: »Werte sind allgemein erstrebenswerte, moralisch oder ethisch als gut befundene spezifische Wesensmerkmale einer Person innerhalb einer Wertegemeinschaft.« Ja okay, so ein bisschen konkreter konnte es ruhig werden. Ich suchte also nach Beispielen für diesen hübschen Bandwurmsatz und stieß dabei unter anderem auf folgende Begriffe, sortiert nach Alphabet:

Abenteuer, Achtsamkeit, Akzeptanz, Anerkennung, Ausgeglichenheit, Authentizität, Bescheidenheit, Dankbarkeit, Disziplin, Ehrlichkeit, Empathie, Fairness, Freiheit, Freude, Frieden, Geduld, Gelassenheit, Gerechtigkeit, Gesundheit, Großzügigkeit, Harmonie, Hilfsbereitschaft, Humor, Intuition, Kreativität, Leistung, Loyalität, Mitgefühl, Mut, Nächstenliebe, Neugierde, Neutralität, Offenheit, Optimismus, Perfektion, Produktivität, Pünktlichkeit, Realismus,

Respekt, Selbstständigkeit, Selbstvertrauen, Sicherheit, Solidarität, Sparsamkeit, Spaß, Tapferkeit, Toleranz, Tradition, Treue, Unabhängigkeit, Verantwortung, Vertrauen, Weiterentwicklung, Zielstrebigkeit, Zuverlässigkeit, Zuneigung.

Das war schon mal ein bisschen greifbarer, auch wenn es sich noch immer nach einem ganz schön großen Haufen staatstragender Begriffe anfühlte. Ein bisschen war es auch so, als hätte ich gerade die Schulordnung eines strengen Internats gelesen. »Disziplin, Loyalität und Tradition sind die wichtigsten Werte unserer altehrwürdigen Institution.« Diese Assoziationskette war dann wohl der endgültige Beweis dafür, dass ich als Kind ein bisschen zu viel Hanni und Nanni abgekriegt hatte.
Vielleicht war das Prinzip dahinter aber gar nicht so blöd. In solchen Aufzählungen wurden ja meistens drei Begriffe genannt. Was wären also meine Top 3 aus der Liste oben? Was davon lag mir besonders am Herzen und machte mich aus? Gesundheit, Humor und Kreativität? Klang schon mal nicht schlecht. Loyalität, Offenheit und Selbstständigkeit? Empathie, Weiterentwicklung und Zuverlässigkeit? Das war echt schwieriger als gedacht. Sobald ich mich für eine der Optionen entscheiden wollte, bekam ich direkt ein schlechtes Gewissen gegenüber den anderen Werten. Die waren ja schließlich nicht weniger wichtig und ebenfalls ein Teil meines Lebens. Doch das Ganze war ja nur eine theoretische Übung, und ich machte es für mich selbst. Die Werte waren schließlich keine Freund*innen von mir, die enttäuscht waren, wenn ich mich in der Mittagspause nicht an ihren Tisch setzte. Also entschied ich mich für Gesundheit, Authentizität und Weiterentwicklung und entschuldigte mich in Gedanken trotzdem noch mal eine Runde bei den anderen Werten. »Nur weil ich jetzt die drei gewählt habe, seid ihr nicht weniger wichtig!«, rief ich in einer innerlichen Ansprache meinem Publikum aus kleinen, traurig aus der Wäsche guckenden Werten zu. »Ich muss nur Prioritäten setzen, und dass Gesundheit da ganz vorn steht, ist einfach logisch!« Das war es tatsächlich. Jedenfalls deutlich logischer als innere Ansprachen an Werte, die

in meiner Vorstellungen übrigens süße flauschige Wesen in verschiedenen Farben waren. Wirklich sehr spannend, Lisa, aber zurück zur Sache. Dass ohne Gesundheit gar nichts ging, hatte ich in den letzten Monaten sehr deutlich feststellen müssen. Daher wollte ich mich in Zukunft ganz besonders darum kümmern, dass es mir sowohl körperlich als auch mental gut ging. Vielleicht waren Sport und Ernährung ganz gute Themen, bei denen ich da ansetzen konnte. Authentizität hatte für mich immer schon eine große Rolle gespielt. Klar, als YouTuberin war das auch irgendwie eine Berufskrankheit. Doch nicht nur da, auch in meinem Alltag war mir dieser Wert wichtig. Ich wollte klarer kommunizieren, wie ich mich fühlte und wann mir Dinge zu viel wurden. Irgendwie waren diese beiden Werte auch bereits Teil von Nummer drei, der Weiterentwicklung. Ich wollte weg vom aktuellen Status quo, wollte Neues lernen und herausfinden, wer ich wirklich war, was ich wollte und was mir gut tat. Außerdem wollte ich noch mehr Menschen mit anderen Erfahrungen und Lebenseinstellungen kennenlernen und, so viel ich konnte, über den Tellerrand blicken.

Übung: Welche Werte sind mir wichtig?

Ich fand es im Jahr darauf schön, diese Leitlinien für mich selbst zu haben, und es hat mir geholfen, mich in chaotischen Situationen immer wieder an sie zu erinnern. Wenn ihr mögt, dann wählt gern ebenfalls eure Top-3-Werte aus der Liste oben, und schreibt euch auf, was sie euch bedeuten. Da es einfach wahnsinnig viele Werte gibt, ist die Liste natürlich unvollständig. Falls euch also noch andere einfallen, dann könnt ihr sie gern für euch ergänzen.

WELCHE THEMEN SIND MIR BESONDERS WICHTIG?

Beim Nachdenken über meine Werte drehte sich mein Gedankenkarussell auch irgendwann weiter zum Thema Engagement. Ich wusste, dass es mir guttat, mich für Dinge einzusetzen, die mir wichtig waren. Das gab mir eine Struktur und vor allem auch das Gefühl, etwas Sinnvolles mit meiner Zeit anzufangen. Als Teenager hatte ich ehrenamtlich gearbeitet, im Tierheim und in der Bibliothek. Als mein Zeitplan dann aber durch die Uni und den Job immer voller wurde, verschwanden diese Dinge nach und nach aus meinem Leben. Das bedeutete nicht, dass ich seitdem gar nichts mehr tat. Einmal pro Jahr flog ich mit einer Hilfsorganisation in eines ihrer Projektgebiete. Diese Reisen hatten mich nach Kenia, Uganda und in den Libanon geführt, und sie waren sehr intensiv und lehrreich gewesen. Ich hatte mich dort unter anderem mit Hunger, Flucht und Bildungsthemen auseinandergesetzt und vor allem nach dem Projekt im Libanon das Gefühl gehabt, im Leben der Menschen vor Ort zumindest etwas Kleines bewirkt zu haben. Ich hatte dort zusammen mit zwei Freunden ein Videoprojekt mit jungen Menschen umgesetzt, die aus dem Nachbarland Syrien geflohen waren.

Doch gerade dann, wenn ich von solchen Reisen zurückkam, merkte ich besonders stark, wie sehr mir das regelmäßige Engagement fehlte. Ich hatte die Schnauze voll davon, an den meisten Tagen nur zuzuschauen und nichts zu tun. Ich hatte doch eine Stimme, also wollte ich sie auch gern nutzen.

Die Frage war nur: Wie konnte ich das am besten anstellen? Es hatten sich in den Jahren zuvor definitiv einige politische und gesellschaftliche Themen herauskristallisiert, die mir besonders am Herzen lagen. Ich las viel und informierte mich über diese Dinge, aber das war's dann auch schon. Was sollte ich also tun? Einer Partei beitreten? An Demos teilnehmen? Künftig nur noch superernste politische Videos drehen? Doch damit würde ich doch ganz bestimmt einen großen Teil meiner Zuschauer*innen vergraulen!

»Langsam«, ermahnte mich mein Kopf wieder einmal. Sein Lieblingswort in letzter Zeit. »Das sind gute Ideen, aber das alles zu machen, ist vielleicht gerade noch ein bisschen zu viel. Lass uns lieber kleine Schritte gehen. Die sind vielleicht nicht so zufriedenstellend und dramatisch, dafür aber nachhaltiger.« Beim Stichwort »nachhaltig« wurde ich hellhörig. Wäre das nicht vielleicht ein gutes Thema, mit dem ich beginnen konnte? Ich lebte zu diesem Zeitpunkt bereits seit zwei Jahren vegan und achtete darauf, in der Drogerie keine Produkte zu kaufen, die an Tieren getestet wurden. Bis zu dem Zeitpunkt hatte ich darüber online noch nie so richtig gesprochen, aber ich wusste, dass sich einige meiner Zuschauer*innen auch für diese Themen interessierten. Außerdem ging da doch bestimmt noch mehr. Ich wollte mich ohnehin schon länger damit auseinandersetzen, wie ich Müll vermeiden oder meinen Kleiderschrank fairer gestalten konnte. Dabei könnte ich die Leute doch einfach mitnehmen und ihnen zeigen, wie ich vorankam und auf welche Herausforderungen ich stieß. Wenn ihr meine Social-Media-Kanäle kennt, dann sind die Folgen dieses Gedankengangs dort nicht zu übersehen. Meine Videos und Instagram-Storys drehen sich inzwischen tatsächlich ziemlich häufig um Themen wie Nachhaltigkeit, Minimalismus, Zero Waste, vegane Ernährung oder Fair Fashion. Bis jetzt hatte ich auch nicht das Gefühl, damit wahnsinnig viele Leute abzuschrecken oder zu vergraulen. Ganz im Gegenteil, die Reaktionen sind sehr interessiert und positiv, und sie geben mir das Gefühl, in diesem Bereich wirklich etwas mit meiner Reichweite bewegen zu können. Auch wenn ich in naher Zukunft ziemlich sicher keiner Partei beitreten werde und auch leider keine Zeit mehr habe, mich regelmäßig im Tierheim zu engagieren, setze ich mich so trotzdem für die Dinge ein, die mir am Herzen liegen.

Vor ein paar Monaten bin ich dann übrigens auch zum ersten Mal für eine Demonstration auf die Straße gegangen. Es ging um faire Arbeitsbedingungen in der Textilbranche, und weil sich das so viel besser angefühlt hat, als nur für mich allein im dunklen Kämmerchen über die Themen nachzudenken, schloss ich mich eine Woche später einer weiteren Demo an. Diesmal für mehr Klima- und Umweltschutz.

Die Dinge, die euch wichtig sind, und die Themen, die euch begeistern und interessieren, können natürlich ganz anders aussehen. Mir ging es hierbei vor allem darum, dass die Sachen, die ich mache, nicht einfach nur so dahinplätschern und ich gar nicht richtig weiß, warum ich das alles überhaupt tue. Ich war auf der Suche nach Aufgaben, bei denen ich das Gefühl hatte, einen Mehrwert liefern zu können. Ich wollte, dass meine Arbeit einen Sinn hatte, zu etwas führte und dass ich damit etwas zum Positiven verändern konnte.

Übung: Welche Themen bewegen mich?

Wenn ihr herausfinden möchtet, welche Themen euch besonders bewegen, und ihr euch für sie einsetzen wollt, dann können euch diese Fragen weiterhelfen:

- Welche Themen und Projekte begeistern euch?
- Wobei verspürt ihr Tatendrang und wollt am liebsten direkt loslegen?
- Was hat euch bis jetzt davon abgehalten, euch zu engagieren?
- Welche Leute kennt ihr, die sich für das Thema einsetzen?
- Wo könntet ihr mehr Informationen darüber finden?
- Auf welche Art und Weise möchtet ihr euch am liebsten einsetzen?
  (Online, zusammen mit Freunden, bei Veranstaltungen etc.)

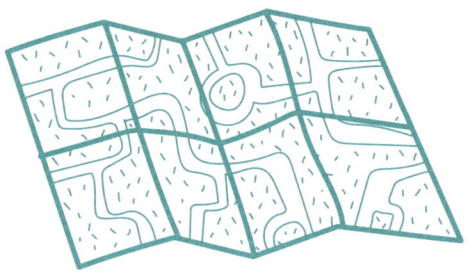

COMMUNITY

**Community-Time:
Diese Themen sind euch besonders wichtig**

Ich kenne das Problem sehr gut, dass man sich engagieren möchte, aber irgendwie nicht so genau weiß, welche Möglichkeiten es eigentlich dafür gibt. Deswegen habe ich euch auf Instagram gefragt, welche Themen euch denn besonders am Herzen liegen und wie ihr euch dafür einsetzt.

- *Ich bin politisch aktiv in der Jugendorganisation einer Partei und setze mich dort besonders für das Thema Umweltschutz ein.*

- *Viel zu viele Menschen haben leider wenig Ahnung von lebensrettenden Sofortmaßnahmen. Deswegen gebe ich Erste-Hilfe-Kurse für Leute, bei denen der Führerschein schon eine Weile her ist.*

- *Ich setze mich ein für einen offenen Dialog in Sachen psychische Störungen und Belastungen.*

- *Mir liegen Kinderrechte besonders am Herzen, da auch Kinder eine Stimme haben, die gehört werden sollte.*

- *Gemeinsam mit geflüchteten Frauen realisiere ich gerade ein Filmprojekt. Ich hoffe, ihnen, ihren Geschichten und ihren Anliegen damit eine Stimme geben zu können.*

- *Bildungsthemen sind mir sehr wichtig, daher engagiere ich mich momentan für Leseförderung in Grundschulen.*

- An meiner Hochschule habe ich ein Team gegründet, das sich ganz besonders mit dem Thema Fair Trade beschäftigt. Seitdem wird in unserer Mensa mehr mit Fair-Trade-Produkten gearbeitet.

- Ich organisiere Jugendfreizeiten, weil ich dort früher selbst oft mitgefahren bin und eine tolle Zeit hatte.

- Ich arbeite ehrenamtlich in einer Gewerkschaft und setze mich dort für fairere Löhne ein.

- Ich organisiere in meiner Stadt Demonstrationen für mehr Klimaschutz.

- Die Lokalpolitik ist meiner Ansicht nach ein Bereich, in dem junge Menschen viel bewegen können. Deswegen engagiere ich mich dort besonders für Digitalisierung und Medienbildung.

- Ich arbeite mit Kindern mit Behinderung und gestalte coole Freizeitangebote für sie, wie beispielsweise eine Musikgruppe.

- Ich bin Lebensmittelretterin und arbeite mit den Supermärkten in meiner Umgebung zusammen gegen Lebensmittelverschwendung.

- In Schulen findet oft zu wenig Aufklärung zum Thema Mobbing statt. Deswegen biete ich Kurse für Lehrer*innen an, die mehr darüber wissen möchten.

- Ich lebe hier das Dorfklischee und bin ganz klassisch Pfadfinderin und bei der Jugendfeuerwehr.

COMMUNITY

- Ehrenamtliches Engagement ist mir sehr wichtig. Ich arbeite deswegen in meiner Freizeit in der Altenpflege und mache dort Trauerbegleitung.

- Mit ein paar Freundinnen zusammen baue ich in unserer Freizeit Insektenhotels, und wir setzen uns für das Überleben von Bienen und Hummeln ein.

- In meiner Stadt gab es noch keinen Treffpunkt für LGBTQ+, daher habe ich einen gegründet.

- In unserem Tierheim gibt es einen Hund, dessen Patin ich bin. Bis er adoptiert wird, gehe ich täglich mit ihm spazieren und spiele mit ihm.

- Ich bin selbst Autist und setze mich daher auch für Aufklärung bezüglich Autismus ein. Mir ist es wichtig, anderen zu helfen.

- Die Arbeit in der DLRG ist mein Ehrenamt und auch mein liebstes Hobby. Ich helfe dort Erwachsenen dabei, schwimmen zu lernen.

- Meine Stadt liegt an der Ostsee, und ich reinige dort regelmäßig zusammen mit Freunden die Strände von Müll.

- Ich helfe Senioren dabei, den Umgang mit Smartphones und moderner Technik zu erlernen.

- Ich gehe an Schulen und kläre dort über Beziehungen, Sexualität und sexuell übertragbare Krankheiten auf.

WAS SIND MEINE STÄRKEN?

Nach meinem wochenlangen Rumliegen als gestrandeter Wal habe ich definitiv nicht jeden Tag damit verbracht, mir total produktive und tiefgründige Gedanken über mein Leben zu machen. Hauptsächlich war ich enttäuscht von mir selbst und damit beschäftigt, wütend zu sein. Ich fühlte mich wie ein Mängelexemplar, hatte das Gefühl, gar nichts mehr auf die Kette zu kriegen, und war konstant genervt. Nach einem besonders frustrierenden Tag hielt ich mein eigenes negatives Gequatsche dann aber einfach nicht mehr aus, und so suchte ich wieder einmal nach einem Blatt Papier. Ich würde jetzt verdammt noch mal aufschreiben, was meine Stärken waren und was ich richtig gut konnte, damit das alles hier mal wieder in einen vernünftigen Kontext gebracht wurde. Es hatte schließlich durchaus auch eine Zeit vor dem Wal gegeben, und auch wenn es gerade nicht danach aussah, war ich überzeugt davon, dass sie zurückkehren würde.

»Ich kann mich gut in andere Leute hineinversetzen«, schrieb ich mir also auf. Das war gut, denn auch wenn gerade viele andere Dinge nicht gingen, hatte sich meine Empathie glücklicherweise nicht verabschiedet. »Wenn ich mir etwas vorgenommen habe, dann ziehe ich es auch durch.« Ja, das traf irgendwie auch auf die aktuelle Situation zu. Schließlich war ich aufgestanden, um diese Liste hier zu schreiben. »Ich bin zuverlässig und offen, kann gut organisieren, und an meinem Essen ist bis jetzt auch noch niemand gestorben.« – Das war doch schon mal was.

Meine Stärken aufzuschreiben war immer ein wenig seltsam für mich, weil ich dabei gefühlsmäßig ständig zwischen gesundem Selbstbewusstsein und der Angst, arrogant zu wirken, hin- und hergerissen war. Irgendwann war es mir von der Gesellschaft eingetrichtert worden, dass es nun wirklich nicht die feine Art war, sich selbst Komplimente zu machen, doch andererseits durfte ich auf das, was ich gut konnte, doch auch stolz sein, oder?

Vielleicht war es einfacher, wenn ich die Frage ein bisschen umformulierte: Was macht mir besonders viel Spaß? Videos drehen, fotografieren, Texte schreiben, schwierige Themen unterhaltsam verpacken, generell kreative Arbeit ... Ja, da bekam ich meine Liste definitiv schneller voll. Je länger ich schrieb desto klarer wurde mir, wie streng ich eigentlich in den letzten Monaten mit mir gewesen war. Es lief doch so vieles gut, und ich konnte mich wirklich nicht darüber beschweren, dass ich keine Talente hätte. Mir das einzugestehen, war nicht arrogant. Es war einfach nur ehrlich, und das war nun wirklich keine Schande. Mir gab dieser Moment einen entscheidenden Schub. Zwar keinen, der mich endgültig vom Sofa herunterbeförderte, aber ich fühlte, wie sich die Leere in meinem Kopf langsam wieder füllte.

Übung: Stärken erkennen

Falls ihr auch dazu tendieren solltet, zu streng zu euch selbst zu sein, kann ich euch diese Übung nur empfehlen. Dafür müsst ihr übrigens keine Totalkatastrophe auf zwei Beinen sein wie ich in dem Moment. Sich seine Stärken und Talente bewusst zu machen, tut immer gut. Falls es euch schwerfällt, eure guten Eigenschaften aufzuschreiben, dann fragt doch einfach mal bei euren Freund*innen oder bei eurer Familie nach. Meiner Erfahrung nach können die nämlich sehr viel schneller sehr viel mehr Positives über uns erzählen, als wir das vielleicht selbst schaffen.

WAS INSPIRIERT MICH?

Es gab, wie gesagt, nicht wenige Tage, an denen ich mich komplett demotiviert, genervt und hoffnungslos fühlte. Neben dem Fokus auf meine Stärken half es mir in diesen Momenten, mich mit den Personen und Dingen zu beschäftigen, die mich inspirierten. Ich schaute mir also beispielsweise einige der Videos an, die mich damals dazu gebracht hatten, selbst mit YouTube anzufangen. Unter anderem verbrachte ich einen sehr unterhaltsamen und irgendwie auch nostalgischen Nachmittag damit, sämtliche Harry-Potter-Synchros von Coldmirror anzuschauen. Das katapultierte mich direkt noch mal zurück in die siebte Klasse und sorgte dafür, dass ich eine Woche lang Ohrwürmer von Fresh Dumbledore hatte. Aber das ist noch mal eine andere Geschichte … Nach einer großen Runde Bingewatching habe ich mich jedenfalls darüber informiert, was die jeweiligen YouTuber*innen denn heute, zehn Jahre später so taten. Einige waren inzwischen von der Bildfläche verschwunden, andere hatten sich Projekten gewidmet, die ich ebenfalls spannend fand. Nach YouTube wandte ich mich dann mit der gleichen Frage meinen Lieblingsautor*innen und meinen Vorbildern im journalistischen Bereich zu.

In einer Phase, in der man selbst gerade nichts gebacken kriegt, ist es immer mit einem gewissen Risiko verbunden, sich mit diesen Menschen auseinanderzusetzen. Man tendiert dann schnell dazu, sich zu vergleichen und sich nur noch mehr zu denken: »Na toll, die sind supererfolgreich und kriegen alles ganz toll hin, und ich bin eine nutzlose Kartoffel im Schlafanzug.« Dieses Risiko war mir bewusst, aber ich versuchte, mit einer möglichst neidlosen Einstellung an die ganze Sache heranzugehen. Ich wollte mir anschauen, was die Leute taten und erreichten, nicht mit dem Ziel, mich daneben klein zu fühlen, sondern um möglichst viel Motivation und Inspiration daraus zu ziehen. Ich fragte mich, wie sie wohl dorthin gekommen waren und was ich mir von ihnen abschauen konnte. Ich las mir Interviews mit ihnen durch und hörte mir Podcast-Folgen an, in denen sie über ihre Geschichte sprachen. Diese Menschen dort nicht nur von ihren Erfolgen erzählen zu hören, sondern auch von den Momenten, in denen sie fast aufgegeben hätten, half mir enorm weiter. Wir waren schließlich doch alle nur Menschen, und bei niemandem lief immer alles glatt. Wir alle flogen auf die Schnauze, und es ging nur darum, wieder aufzustehen. Danke, Konfuzius-Lisa, den ollen Spruch kennen wir alle schon. Doch es ist halt auch wirklich was dran, und sich darüber zu informieren, was anderen beim Aufstehen geholfen hat, ist eine echt nützliche Sache. Ich recherchierte also fleißig weiter und erinnerte mich an immer mehr Songs, Filme und Bücher, die mich früher schon einmal vorangebracht hatten. Also hörte, sah oder las ich sie noch mal.

Ebenfalls hilfreich war es, mich zu fragen, wer denn die Menschen in meinem Umfeld waren, mit denen ich besonders gute Gespräche führen konnte, und mich mit ihnen über ihre Erfahrungen mit Krisen und Tiefpunkten zu unterhalten. Auch interessant war, mal zu überlegen, an welchen Orten mir sonst immer die besten Ideen gekommen waren. Bedeutet die Antwort auf diese Frage, dass ich seitdem 24 Stunden am Tag dusche, damit mir ja kein guter Einfall entgeht? Nicht ganz. Das Gute an der Dusche war ja eigentlich, dass mein Kopf dort endlich mal ein bisschen Ruhe vor all den Bildschirmen hatte, auf die ich sonst die ganze Zeit starrte, und sich mal ganz in Ruhe kreativ austoben konnte. Es war natürlich ein netter Nebeneffekt, dass ich danach saubere Haare hatte und gut roch, aber der andere Punkt war in dem Fall deutlich wichtiger. Also sollte ich vielleicht mal darauf achten, auch in anderen Situationen das Handy zur Seite zu legen.

Es tat gut, wieder mal ein bisschen kreativen Wind in meinen Kopf zu lassen. Das machte mich optimistischer, was die Zukunft anging, erinnerte mich daran, warum ich das alles überhaupt tat, und gab mir vor allem auch ein gewisses Maß an Sicherheit zurück.

 ## Übung: Inspirationsquellen

Hier findet ihr noch mal die Fragen, die ich mir gestellt habe. Vielleicht helfen sie euch, eure Inspirationsquellen zu finden. Ich hole die Liste, die ich mir damals geschrieben habe, übrigens regelmäßig aus der Schublade, und sie hat mich auch nach meiner Wal-Phase in vielen Situationen wieder aus kreativen Löchern herausgeholt.

- Wo habt ihr in der Vergangenheit Inspiration gefunden?
- Wer sind eure Vorbilder?
- Welche Songs, Filme oder Bücher motivieren euch?
- In Gesprächen mit welchen Personen bekommt ihr die besten Ideen?
- An welchen Orten bekommt ihr die besten Ideen?
- Setzt ihr die Dinge, zu denen ihr euch inspiriert fühlt, auch tatsächlich um? Falls nein, warum nicht?

SELFCARE

WAS IST SELFCARE?

Rückblickend kann ich nicht mehr genau sagen, wann der Punkt erreicht war, an dem ich dann endlich ausführlich genug über meinen Stress, mein Gefühlsleben und meine Zukunftspläne nachgedacht hatte. Jedenfalls war mein Kopf irgendwann wieder mit einem angenehmen Level an Kreativität und Inspiration gefüllt, und ich fühlte mich bereit dazu, es mit meinem Alltag aufzunehmen. Ich ging wieder regelmäßig zur Uni, ließ mir in der Redaktion ein neues Thema für eine Reportage geben und begann, mich näher mit meinem Umzug nach Berlin zu beschäftigen. Dabei war mir von Anfang an klar, dass ich nicht einfach wieder da anfangen konnte, wo ich aufgehört hatte. Ich würde definitiv lernen müssen, mich besser um mich selbst zu kümmern, wenn ich verhindern wollte, dass ein solcher Totalausfall noch mal passierte.

»Selfcare« war allerdings eine Sache, die ich jahrelang konsequent vernachlässigt hatte. Ich konnte mich nicht daran erinnern, wann ich das letzte Mal in einer Badewanne gelegen oder einfach mal einen Nachmittag lang nichts getan hatte. Was ich aber sehr wohl wusste, war, dass ich mir, verrückterweise ausgerechnet in besonders stressigen Phasen, regelmäßig eingeredet hatte, ich bräuchte das alles überhaupt nicht. »Dieser ganze Selfcare-Kram klingt ja gut, aber dafür hab ich echt absolut keine Zeit.« Dabei ist dieser »Kram« eigentlich genau dann ganz besonders wichtig, um einen Ausgleich zu finden und zwischendurch auch mal von dem ganzen Berg an Aufgaben runterklettern zu können. Da ich mich also bis dahin konstant geweigert hatte, mich mit dem Thema auseinanderzusetzen, hatte ich auch absolut keinen Plan davon, wie Selfcare eigentlich auszusehen hatte. Gab es da irgendein allgemeingültiges Rezept, an das ich mich halten sollte? Irgendwelche vorgegebenen Abläufe, die ich übernehmen und abarbeiten konnte? Ganz abgesehen davon, dass der Begriff »abarbeiten« hier echt ziemlich fehl am Platz war, stellte sich nach ein wenig Internetrecherche heraus, dass das alles wieder mal eine ziemlich individuelle Sache zu sein schien. Na bravo, da ging die ganze Selbstreflektiererei also wohl oder übel in die nächste Runde, und ich musste allein herausfinden, was mir guttat.

Was für andere bestimmt eine sehr einfach zu beantwortende Frage gewesen wäre, stellte für mich eine überraschend große Herausforderung dar. Ich hatte in den letzten Jahren verlernt, auf meinen Körper zu hören, und auch mein Kopf war gewohnheitsmäßig von mir ignoriert worden. Dabei hatte er ja wirklich sehr klar und deutlich nach einer Pause gerufen. Um also wieder ein Gefühl dafür zu bekommen, was ich eigentlich brauchte, würde ich bei den Basics beginnen müssen. Ich kam mir ein bisschen blöd vor, als ich mir ein paar Fragen aufschrieb, die ich mir künftig regelmäßig stellen wollte. »Habe ich genug gegessen? Habe ich genug Wasser getrunken? Habe ich heute Nacht sieben bis acht Stunden geschlafen? War ich heute schon an der frischen Luft? Kommt genug Licht in den Raum, in dem ich mich befinde?« Nach einer Weile ergänzte ich dann auch noch die Frage »Habe ich heute schon geduscht?«, denn in den letzten Wochen hatte ich sehr deutlich gemerkt, wie viel besser es mir ging, wenn ich es geschafft hatte, mich dafür vom Sofa hochzuquälen.

Auch wenn diese Fragen sehr simpel und offensichtlich klangen, stellte ich an den Tagen danach fest, dass ich immer wieder die eine oder andere von ihnen mit »nein« beantwortete. Besonders häufig galt das für die sieben bis acht Stunden Schlaf, also setzte ich dort an. Statt weiterhin zu völlig wahllosen Uhrzeiten ins Bett zu gehen, versuchte ich, ein bisschen Ordnung in meinen Schlafrhythmus zu bringen. Ich arbeitete häufig bis spät abends und legte auch die eine oder andere Nachtschicht ein, wenn meine Vorlesungen am nächsten Tag erst um zehn oder zwölf Uhr begannen. Das schien irgendwie auch die Mentalität meiner Generation zu sein, denn auf Social Media sah ich täglich Fotos und Posts mit dem #NoSleep-Gang. Das waren also alles Leute, die erzählten, dass sie gern mal die Nächte durcharbeiteten, weil sie sich dann besser konzentrieren konnten. Sie erklärten außerdem, wie wichtig es sei, »immer weiter zu hustlen«, wenn man seine Ziele erreichen wollte. Auch wenn diese Einstellung viel Zuspruch in den Kommentaren erhielt und auch einige meiner engsten Freunde davon schwärmten, dass sie nachts sehr viel mehr schaffen würden, erschien mir das alles plötzlich sehr fremd. Ich musste mir eingestehen, dass das eigentlich nichts für mich war. Wenn ich spät abends am Laptop saß, begannen meine Augen zu jucken, ich bekam Kopfschmerzen, wurde unkonzentriert und reizbar. Außerdem bekam ich in solchen Nächten immer zu wenig Schlaf, weil meine innere Uhr mich am nächsten Tag dann doch wieder deutlich vor den sieben bis acht Stunden Schlaf weckte, die ich eigentlich gebraucht hätte. Auch wenn das vielleicht nicht ganz so cool klang, war ich im Herzen doch eigentlich eine Oma, die gern um 22 Uhr ins Bett gehen wollte. Warum tat ich es dann nicht? Ich beschloss, das Ganze zumindest mal für eine Woche auszuprobieren, und begann damit gleich am selben Abend. Um 22 Uhr lag ich im Bett und konnte bis Mitternacht nicht schlafen. Nach ein paar Tagen hatte sich der neue Rhythmus dann aber eingespielt, und mir fiel auf, dass es für mich eigentlich gar nicht so schwer war, um sechs Uhr aufzustehen. Ganz im Gegenteil, ich fühlte mich deutlich fitter als sonst, und es stellte sich heraus, dass ich diese »superkonzentrierte Arbeitszeit«, von der die anderen geschwärmt hatten, eben nicht um drei Uhr nachts, sondern um sieben Uhr morgens erreichte. Wenn ich mich nach meinem Frühstück an den Laptop setzte, hatte ich einen klareren Kopf als je zuvor und konnte aufmerksam für meine Klausuren lernen oder für die Arbeit recherchieren. Damals kam ich mir mit dieser Einstellung noch ein wenig allein vor, doch ein paar Jahre später lernte ich dann das Gegenmodell zur »No Sleep Gang«, den »5am Club« kennen. Da standen auch alle früh auf und bekamen vormittags am meisten erledigt. 5 Uhr morgens ist mir persönlich dann doch einen Ticken zu früh, aber es war dennoch irgendwie cool und erleichternd zu sehen, dass es noch andere Menschen gab, die lieber morgens produktiv waren. Bei mir handelte es sich also nicht um das letzte Einhorn. Um für meinen Kopf möglichst sanft an die Sache mit dem Schlafrhythmus heranzugehen, versuchte ich übrigens, ihm keinen allzu großen Stress damit zu machen. Ich musste nicht jeden Abend um Punkt 22 Uhr im Bett liegen, damit ich auch ja auf die Minute genau acht Stunden Schlaf bekam. Manchmal war ich abends mit meinen Freund*innen unterwegs und kam erst um 2 Uhr nachts nach Hause. Manchmal war eine Serie so spannend, dass aus 22 und 6 Uhr, Mitternacht und 8 Uhr wurde. Das war auch völlig okay so. Hauptsache, ich achtete darauf, dass es eine gewisse Regelmäßigkeit in meinem Alltag gab und zu große Ausreißer nicht allzu oft vorkamen.

Als ich für das Schlafthema eine für mich zufriedenstellende Lösung gefunden hatte, motivierte mich das dazu, auch die anderen Themen in Angriff zu nehmen. Ich gewöhnte mir an, jeden Morgen eine Trinkflasche und ein paar Snacks in meinen Rucksack zu packen. Davon erhoffte ich mir, dass die Situationen weniger wurden, in denen ich hangry und mit trockener Kehle irgendwo im Nirgendwo herumstand, weil wieder einmal eine Bahn Verspätung hatte oder ein Dreh länger dauerte als erwartet. Diese Momente kamen häufiger vor, als es mir lieb war, und meistens war natürlich genau dann weit und breit kein Bäcker in Sicht. In solchen Situationen waren ein paar Schlucke Wasser und ein halb zerquetschter Riegel aus getrockneten Früchten und bröseligen Oblaten dann wirklich Gold wert. Die Sache mit dem Duschen konnte ich schnell abhaken, denn außerhalb meiner Wal-Phase war es kein Problem, mich dazu zu motivieren. Für mehr Licht stellte ich meinen Schreibtisch so um, dass er näher am Fenster stand, und dann musste ich mich eigentlich nur noch um die Sache mit der frischen Luft kümmern.

Die einzigen Wege, die ich regelmäßig ging, führten mich zu Bahnhaltestellen und Supermärkten. Das als entspannte Spaziergänge zu bezeichnen, wäre nun wirklich zu weit gegriffen. Ich wusste aber, dass ganz in der Nähe meiner Wohnung ein Park sein musste, also packte ich meinen Rucksack samt Wasserflasche und Snacks und machte mich auf die Suche nach ihm. Der Park, unter dem ich mir eher eine kleine Ansammlung von zehn Bäumen und zwei Bänken vorgestellt hatte, entpuppte sich als ziemlich großflächig. In seiner Mitte lag ein See samt Fontäne, und es waren definitiv genug Bäume da, um den Lärm der Großstadt abzuschirmen. Als ich auf die andere Seite des Sees gelaufen war, stellte sich dann sogar heraus, dass der Park an ein großes Waldstück angrenzte, und ich war locker eine Stunde unterwegs, bis ich am anderen Ende herauskam. Ich lebte seit fast vier Monaten in dieser Wohnung, meiner ersten nach drei Jahren im Studentenwohnheim, und mir war entgangen, dass ein derart großes Naherholungsgebiet quasi direkt vor meiner Nase lag? Wie war das denn bitteschön möglich gewesen? Doch es brachte ja nichts, mir weiter darüber den Kopf zu zerbrechen, daher nahm ich mir lieber vor, daraus zu lernen und künftig häufiger dort spazieren zu gehen.

MANCHMAL BRAUCHT ES MEHR ALS BASIC-SELFCARE

Dieser Basic-Teil des Themas Selfcare ging nach einiger Übung in meine Alltagsroutine über, und ich musste mir keine weiteren Gedanken mehr darüber machen. Außerdem war ich sehr erleichtert, als ich in Gesprächen mit meinen Freund*innen herausfand, dass die regelmäßige Einhaltung dieser Bascis auch für sie eine Herausforderung darstellte.

Damit wären wir beim wichtigen Thema Austausch. Auch wenn das Wort »Burnout« und die Konsequenzen daraus den meisten Leuten in meinem Umfeld damals genauso fremd waren wie mir, kannten wir alle die Probleme, die aus zu viel Stress und Leistungsdruck resultierten. Einer meiner Freunde erzählte mir davon, dass bei ihm ohne literweise Kaffee inzwischen gar nichts mehr ging und ihn diese Abhängigkeit nervte. Von anderen Leuten hörte ich, dass es sie ebenfalls belastete, keinen vernünftigen Schlafrhythmus zu haben, oder dass sie in Stressphasen oft nur eine einzige Person am Tag zu sehen bekamen, und das war dann jemand vom Lieferservice ihres Vertrauens. Wir tauschten uns über unsere jeweiligen Erfahrungen aus, darüber, was geklappt hatte, aber auch über Versuche, die grandios gescheitert waren. Das tat gut, ich kam mir sofort viel weniger allein und unfähig vor, und es motivierte mich dazu, mich weiter mit dem Thema Selfcare auseinanderzusetzen. Ich hatte nämlich festgestellt, dass mein Körper oft selbst dann eine Pause einforderte, wenn ich eigentlich all meine Basic-Fragen mit »Ja« beantwortet hatte. Ich fühlte mich beim Durchgehen dieser Fragen übrigens immer ein bisschen, als würde ich gerade die verschiedenen Bedürfnisbalken bei einem Sim checken. Ist er satt und zufrieden oder muss er vielleicht noch mal pullern gehen, bevor ich ihn ins Bett schicken kann?

Wenn alle Balken grün waren und sich trotzdem irgendwie nicht alles schnieke anfühlte, hörte ich in mich hinein. Da erklang dann manchmal noch ein Magenknurren, das mich darauf hinwies, dass mein Hungerbalken doch noch ziemlich gelb war, doch in den meisten Fällen fand ich dort hauptsächlich die Antwort auf die Frage nach meinem jeweiligen Energielevel. Das meine ich jetzt nicht im spirituellen Sinne, sondern eher in Bezug darauf, ob ich mich noch halbwegs fit fühlte oder so erschlagen war, dass ich mich innerlich bereits unter meiner Kuscheldecke auf dem Sofa eingerollt hatte. Je nachdem, wie die Antwort ausfiel, probierte ich dann unterschiedliche Arten von Selfcare aus, bis ich irgendwann die Dinge herausgefunden hatte, die wirklich gut für mich funktionierten. Um diesen langen Prozess für euch abzukürzen, sind hier erst einmal zehn Dinge, die mir guttun, wenn ich mich sehr schlapp und energielos fühle. Super, eine Zehn-Dinge-Liste! YouTube 2013, bist du's? Möglicherweise, ja.

10 Dinge für ein niedriges Energielevel

1 Auch wenn ich inzwischen ja, wie gesagt, in Berlin lebe und die Luft da nicht gerade nach Wald und Wiesen duftet, tut es mir gut, regelmäßig auf den Balkon zu gehen und ein paar Mal tief durchzuatmen. Wenn es dunkel wird, kann man dort sogar trotz Lichtverschmutzung manchmal Sterne am Himmel sehen. In den meisten Fällen entpuppen die sich dann zwar als tieffliegende Flugzeuge auf dem Weg nach Tegel, aber wer sagt denn, dass die nicht auch mal romantisch und beruhigend sein können?

2 Ich hoffe sehr, dass meine Mama das Buch bis hierhin liest, denn ich bin ehrlich gesagt ganz schön stolz darauf, wie weit oben dieser Punkt auf meiner Liste steht: mein Bett machen. Das tue ich jeden Tag, und auch wenn ich mich in meiner Teenagerzeit oft genug darüber beschwert habe, dass ich mich abends doch eh wieder reinlegen würde, mag mein Kopf das frische Gefühl, das ein gemachtes Bett in mir auslöst. Kleiner Handgriff, große Wirkung.

3 Auch wenn es mir manchmal schwerfällt und herumscrollen sich bei einem niedrigen Energielevel häufig wie die einzige noch mögliche Tätigkeit anfühlt, versuche ich, nicht auf Social Media zu schauen oder mein Handy sogar komplett auszuschalten. Wenn man sich eh schon schlapp und ausgelaugt fühlt, dann ist man viel empfänglicher für all die perfekten Leben, die dort inszeniert und präsentiert werden. Ganz wichtig, falls ihr euch tatsächlich fürs Ausschalten entscheiden solltet: Überlegt erst mal, ob ihr eure PIN noch kennt! (Ein weiser Ratschlag einer mysteriösen Person, die vor kurzem erst selbst stundenlang gebraucht hat, um ihr Handy wieder entsperren zu können ...)

4 Musik ist etwas, das mir in den meisten Lebenssituationen guttut. Wenn es um das Thema Selfcare geht, packe ich gern mal meine Throwback-Playlist aus, ein musikalisches Sinnbild für meine Teenagerzeit, voller Nirvana-Songs und cringy Chart-Hits. Es ist eine sehr bunte Mischung, die mich immer irgendwie zum Lachen bringt. Und sollte mir einmal nicht danach sein, dann gibt es ja immer noch die Disney-Playlist mit den schönsten Liedern zum Mitsingen. Die hilft immer.

5 Gerade habe ich ja schon den zwischenmenschlichen Austausch über Stress und Leistungsdruck angesprochen. Das gehört für mich auch in den Bereich Selfcare, und selbst wenn ich mich an Tagen mit wenig Energie vielleicht nicht dazu aufraffen kann, das Haus für ein Treffen zu verlassen, so sind Telefonate oder Sprachnachrichten an meine Freund*innen fast immer im Rahmen des Möglichen. Danach geht es mir besser, ich fühle mich verstanden und weiß, dass da Leute sind, die mit mir an einem Strang ziehen.

6 Auch so eine Sache, die ich in Stresssituationen gern mal vergesse, ist, ganz in Ruhe und ohne Ablenkung zu essen. Seid euch an der Stelle bitte bewusst, dass dieser Punkt gerade von der Tante kommt, die leidenschaftlich gern beim Essen Serien schaut und sich dann darüber wundert, wie es denn sein kann, dass der Teller schon wieder leer ist. Trotzdem weiß ich, dass es besser für mich ist, beim Essen alles andere abzuschalten und mich nur auf das zu konzentrieren, was da gerade vor mir auf dem Teller liegt. Dadurch isst man auch direkt langsamer, hört eher auf, wenn man satt ist, und wirft damit nicht auch noch Foodkoma-Bauchschmerzen mit auf den Stresshaufen.

7 Das mit der Meditation und mir ist so eine Sache. Eigentlich weiß ich, dass sie mir gerade an Tagen mit wenig Energie guttut, und ich habe Phasen, in denen ich sogar morgens und abends für jeweils zehn Minuten meine Meditations-App öffne, um der angenehm beruhigenden Stimme der Frau lauschen, die mir sagt, ich solle meine Gedanken jetzt bitte wie Wolken am Himmel an mir vorbeiziehen lassen. Das fühlt sich gut an, beruhigt mich, und sobald ich dann wieder die Augen öffne, denke ich mir »Ja, das war toll! Das machst du ab jetzt immer.« »Immer« beschränkt sich dann aber in den meisten Fällen auf einen Zeitraum von ein bis zwei Wochen. Spätestens dann kommt doch wieder irgendetwas anderes dazwischen, das mich davon abhält, diese Gewohnheit fortzuführen. Ich habe für ein paar Tage Freund*innen zu Besuch, die bei mir übernachten, verreise selbst oder habe manchmal auch schlicht und ergreifend keinen Bock mehr auf die Meditationen. Anfangs habe ich mich davon unter Druck setzen lassen, weil meine App mir praktischerweise auch noch kleine virtuelle Auszeichnungen dafür gibt, dass ich eine bestimmte Anzahl an Meditationstagen durchgezogen habe. Inzwischen sehe ich das etwas ... entspannter. Badumm tsss. Wenn mir danach ist, dann meditiere ich, und wenn ich das Gefühl habe, dass mir gerade etwas anderes guttut, dann lasse ich es eben bleiben. Von den virtuellen Auszeichnungen kann ich mir ja schließlich eh nichts kaufen, also warum sollte ich mich dann von ihnen stressen lassen?

8 Eigentlich hätte das meine persönliche Nummer eins sein sollen: einen Hund streicheln. Wenn ich einen Hund sehe, der freudig auf mich zuspringt, sind all meine Sorgen vergessen. Wenn ich beispielsweise das Auf-Klo-Studio betrete, dann werde ich schon an der Tür von Büro-Hund Loui begrüßt, der mich direkt pflichtbewusst den Gang entlang bis zu unserem Set geleitet. Auf meinem Handy befinden sich außerdem zahlreiche Videos von Dorle, einer flauschigen kleinen Hündin, die ich an einem anderen Filmset kennengelernt habe und der ich stundenlang beim Ballspielen zusehen könnte. Wisst ihr was? Vergessen wir Selfcare, Zeitmanagement und mentale Gesundheit. Ich schreibe den Rest des Buchs einfach nur noch über Hunde!

9 Neben den Playlists funktioniert es bei mir auch immer gut, ein Buch aus meiner Kindheit zu lesen. Die helfen meiner Erfahrung nach vor allem an Tagen, an denen einen all der dramatische Weltschmerz zu erdrücken droht. Wenn ich also wieder einmal zu viel Zeit mit der Tagesschau verbracht habe, greife ich schnell nach Pippi Langstrumpf, dem Herrn der Diebe oder nach Harry Potter. Über deren Geschichten freut sich mein Kopf, denn sie sind unkompliziert, ich fühle mich in ihnen irgendwie zu Hause, und sie gehen praktischerweise auch jedes Mal aufs Neue gut aus.

10 Auch wenn ich in der Nacht zuvor meine sieben bis acht Stunden Schlaf hatte, braucht mein Körper an manchen Tagen einfach noch etwas mehr Ruhe. Dann gehe ich gern mal eine halbe Stunde früher ins Bett oder verbringe den Abend mit einem Hörbuch und geschlossenen Augen auf dem Sofa, statt weiter auf Bildschirme zu starren.

10 Dinge für ein hohes Energielevel

An Tagen, die ich hauptsächlich damit verbracht habe, Dinge zu tun, die mich eigentlich langweilen (beispielsweise meine Steuerunterlagen für das letzte Jahr ausfüllen), brauche ich anschließend einen etwas aktiveren Ausgleich. Mein Kopf wäre dann mit den zehn Punkten, die ich gerade genannt habe, unzufrieden und würde etwas mehr Einsatzbereitschaft von mir fordern. Hier folgen daher noch zehn weitere Dinge, diesmal für ein hohes Energielevel.

1 Eine Runde um den Block laufen. Am liebsten mache ich das mit einem klaren Ziel vor Augen, zum Beispiel dem Supermarkt. Dann kann ich die Pause auch noch mit etwas Nützlichem verbinden (also beispielsweise damit, die eine oder andere Tafel Marzipanschokolade zu kaufen).

2 Mein Bastelprojekt aus Tonpapier und Glitzerstiften habe ich ja schon mal kurz erwähnt. Am liebsten kümmere ich mich am Ende des Monats darum. Dann durchforste ich mein Handy nach ein paar schönen Fotos, drucke sie im Drogeriemarkt aus und klebe sie anschließend in mein Tagebuch-Fotoalbum-Notizbuch. Sehr griffiger Name übrigens. Da merkt man ganz klar, dass ich in einer kreativen Branche arbeite. Neben die Fotos schreibe ich dann, was ich im letzten Monat erlebt habe, klebe Eintrittskarten von Kino- oder Konzertbesuchen dazu und lese, weil's so schön war, meist auch noch ein paar Einträge aus den Jahren davor.

3 Mein Arbeitsplatz ist immer halbwegs ordentlich, aber irgendwann ist dann doch immer der Punkt erreicht, an dem sich so viele Kekskrümel zwischen den Laptop-Tasten verklemmt haben, dass ich saubermachen muss. Dafür brauche ich definitiv ein hohes Energielevel, denn wenn ich einmal damit anfange, dann mache ich es auch richtig. Ich putze also meinen kompletten Schreibtisch, sortiere meine Stifte, Notizzettel und Büroklammern und ertränke den Laptop danach noch halb in Desinfektionsmittel.

4 Ich gehöre zwar nicht zu den Leuten, die alle paar Wochen ihre Möbel umrücken, aber ich mag es dennoch, meine Wohnung neu zu dekorieren. Ich habe beispielsweise eine Fotowand, von der mir lauter Menschen entgegengrinsen, die ich gernhabe. Dann und wann ersetze ich dort dann ein älteres Foto durch ein neues, und mein Kopf freut sich, mal wieder was anderes angucken zu können.

5 Ein energiereicher Tag ist übrigens auch super, um eine Liste der schönen Momente zu schreiben, in denen die Fotos entstanden sind. Mir hilft das immer sehr dabei, um bei all den Sorgen und Ängsten mal kurz die »Lautlos«-Taste zu drücken. Denn ich bin nicht allein. Da sind so viele tolle Menschen, die mich gernhaben und die mich auffangen, wenn doch mal etwas schiefläuft.

6 Genau diese Menschen könnte ich eigentlich auch mal wieder anrufen und mich zu einem Spieleabend mit ihnen verabreden. Nachdem ich dreimal in Folge an Silvester bei Monopoly gewonnen habe, wollen meine Freund*innen das zwar nicht mehr mit mir spielen, aber wir haben seit kurzem ein neues, ziemlich absurdes Lieblingsspiel. Es wird mit einem Stapel Karten gespielt, auf denen jeweils eine Zahl von eins bis hundert zu sehen ist. Jede Zahl kommt dabei nur einmal vor, und alle Spieler ziehen in der ersten Runde eine, in der zweiten zwei, in der dritten drei Karten und so weiter. Das Ziel des Spiels ist es, dass alle Zahlen in aufsteigender Reihenfolge abgelegt werden, ohne dass die Spieler dabei miteinander sprechen oder auf irgendeine andere Art und Weise kommunizieren. Es geht also alles nach Gefühl, und so verrückt das auch klingen mag, es macht unglaublich viel Spaß. Während man die erste Runde mit nur einer Karte auf der Hand nach einer Weile halbwegs intuitiv hinter sich bringt, starrt man sich spätestens in Runde fünf gegenseitig derart konzentriert an, dass der Kopf dabei keinerlei Kapazitäten mehr für irgendwelche anderen Gedanken hat. Es ist also eine prima Ablenkung, und ich will ja nicht angeben, aber wir haben es beim letzten Mal johlend und mit verschwitzten Händen bis Runde neun geschafft. Da waren dann ganze 45 Karten im Spiel, und ich hatte selten einen Abend, an dem ich so viel am Stück gelacht habe.

7 Wenn euch der Sinn nach einer größeren aktiven Beschäftigung steht, müsst ihr dafür nicht gleich wochenlang in den Wanderurlaub fahren. Manchmal reicht es auch schon, einen kleinen Tagesausflug irgendwohin in die Natur zu unternehmen. Ich habe zwischendurch immer mal wieder genug von der Großstadt, und mein Kopf hält erst dann die Klappe, wenn er wieder 'ne Weile lang Pflanzen bei der Photosynthese beobachten durfte. Also setze ich mich in die S-Bahn und fahre in den Wald oder an den See, und abends sieht die Welt schon wieder ganz anders aus.

⑧ Wenn ich sehr lang am Schreibtisch saß und einen Ausgleich dazu suche, setze ich mir gern mal Kopfhörer auf und tanze damit durch die Wohnung. Mein bevorzugter Tanzstil trägt dabei den stilvollen Namen »Oktopus mit Zuckerschock« und besteht hauptsächlich aus sehr viel dramatischem Arm- und Beingefuchtel. Sonderlich elegant sieht das nicht aus, aber ich fühle mich danach sehr viel lockerer und entspannter.

⑨ Ich liebe es zu kochen und bin dabei auch gern mal experimentierfreudig. Inzwischen habe ich gelernt, dass mein Kopf Routinen zwar super findet, dann und wann aber auch viel Freude an neuen Dingen hat. Also sammle ich Rezepte, die ich spannend finde, und wann immer mir nach einem kleinen Abenteuer zumute ist, probiere ich eins davon aus. Was es über mein Leben aussagt, dass ich das Herumhantieren mit Zucchinis, Möhren und Blätterteig als Abenteuer bezeichne, sei mal dahingestellt. Spaß macht es mir auf jeden Fall.

⑩ Wenn ich einfach mal wieder rausmöchte und niemand aus meinem Freundeskreis Zeit oder Bock auf mein Ziel hat, dann gehe ich gern auf Dates mit mir selbst. Wie ich dazu kam und warum ich es so cool finde, erzähle ich in einem späteren Kapitel noch genauer.

Abschließend möchte ich hierzu gern auch noch sagen, dass es mir auf der Suche nach den richtigen Selfcare-Methoden für mich sehr geholfen hat zu wissen, dass ich ein introvertierter Mensch bin. Diese Unterscheidung in introvertiert und extrovertiert (Psychologiestudentinnen-Klugscheißer-Kommentar: Eigentlich heißt es »extravertiert«, aber unser Kopf mag eben Dinge, die ähnlich klingen) hat nichts damit zu tun, ob ihr schüchtern seid oder nicht. Das steht noch mal auf einem ganz anderen Blatt. Es geht hier eher darum, mit welcher Art von Selfcare ihr eure Akkus besonders gut aufladen könnt. Ich bin, wie gesagt, ganz klar ein introvertierter Mensch. Wenn ich viel Zeit mit anderen Leuten verbracht habe, dann bin ich danach total erschöpft und brauche erst mal ein paar Stunden oder sogar Tage für mich allein. Am liebsten lege ich mich dann mit einem Buch in die Badewanne, gieße meine Zimmerpflanzen oder koche mir ganz in Ruhe mein Lieblingsessen.

Extrovertierten Menschen hingegen kann es in Stresssituationen total guttun, mit Freunden feiern zu gehen und einfach mal den ganzen Ärger wegzutanzen. Ihnen gibt das Energie, während ich danach nur noch fertiger wäre.

Aber Achtung: Es gibt nicht nur das eine oder das andere Extrem. Das Ganze ist eher ein Spektrum, auf dem man sich bewegt, und es hängt auch immer ein bisschen von der Tagesform ab, was einem gerade guttut. Meine eigene Tendenz zu kennen, habe ich aber als sehr hilfreich empfunden, um mich selbst besser verstehen zu können.

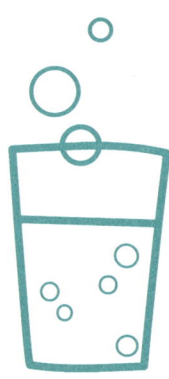

Community-Time: Selfcare

Gerade habt ihr zwanzig Selfcare-Vorschläge von mir bekommen. Da dieses Thema aber sehr individuell ist, habe ich beschlossen, mir dazu ebenfalls ein paar Anregungen von euch zu holen. Falls euch meine Punkte also eher nicht zusagen, dann ist ja vielleicht hier noch etwas für euch dabei:

- *An meinem Rücken gibt es ein paar Stellen, an die ich schlecht rankomme. Selfcare ist für mich, mir die Zeit zu nehmen, auch sie einzucremen.*

- *Mir tut es gut, mir in der Konditorei ein paar richtig gute Pralinen zu kaufen, die ich mir sonst im Alltag nicht leisten würde.*

- *Schreiben hilft mir immer. Aktuell arbeite ich an einer Geschichte für ein Pen-&-Paper-Spiel mit meinen Freunden, und ich freue mich jetzt schon auf einen schönen Abend mit ihnen!*

- *Ich schaue gern ASMR-Videos oder diese Videos von Leuten, die magnetischen Sand in Scheiben schneiden. Klingt vielleicht verrückt, beruhigt mich aber sehr.*

- *Mich entspannt es, die nächsten Tage zu organisieren. Also bedeutet Selfcare für mich, ein Hörbuch anzumachen und in mein Bullet-Journal zu schreiben.*

- *Mit einer Tasse Tee, einem Buch und meiner Lichterkette im Bett lesen.*

- *Das klingt jetzt vielleicht komisch, aber für mich ist Selfcare, mir richtig viel Zeit zu nehmen, um aufzuräumen und zu putzen.*

- Im Alltag habe ich nie Zeit, so gemütlich und ausgiebig zu frühstücken, wie ich es eigentlich gern tun würde. Daher ist das mein Sonntags-Selfcare-Ritual.

- In der Wohnung ist das nicht so gut möglich, weil die Wände so dünn sind, aber wenn ich allein im Wald spazieren gehe, singe ich gern mal so richtig laut los.

- Selfcare bedeutet für mich, unter einem Berg Kuscheldecken vergraben Serien zu schauen und dabei Spinatpizza zu essen.

- Ich bezeichne mich selbst gern liebevoll als »Pflanzenmuddi«, und Selfcare ist für mich, meine Pflanzensammlung zu gießen und zu düngen.

- Klingt es verrückt, wenn ich »meine Augenbrauen zupfen« sage? Aber dazu komme ich sonst einfach nie, und ich fühle mich danach immer gepflegter.

- Ich mache mit meinen besten Freunden ein Lagerfeuer im Garten, und wir erzählen uns ganz oldschool Geschichten oder schwelgen in gemeinsamen Erinnerungen.

- Mandalas malen ist mein Nummer-1-Tipp. Meine halbe Wohnung hängt schon voll davon, aber das hält mich nicht auf!

COMMUNITY

- Auch wenn es mir am Anfang schwergefallen ist: Einfach mal einen Tag lang nichts machen, ohne mich dabei schlecht zu fühlen.

- Ich schaue gern in die Sterne. Dagegen wirken mein Stress und meine Probleme gleich viel kleiner.

- Mit meinem kleinen Sohn fahre ich einmal die Woche zum Mittagessen und für Kaffee und Kuchen zu Oma und Opa. Mich entspannt es, dann mal nicht selbst kochen zu müssen.

- Ich klettere gern, wenn ich eine Runde Selfcare gebrauchen kann, weil es mich immer stolz macht wie Bolle, oben angekommen zu sein.

- Meinen eigenen Bauch streicheln, so wie Winnie Puuh, ist für mich die beste Medizin gegen schlechte Laune und blöde Gefühle.

An dieser Stelle möchte ich gern noch anmerken, dass eine Freundin und zwei Freunde von mir unabhängig voneinander mit »Essen« auf diesen Instagram-Fragensticker geantwortet haben. Man sieht, warum wir befreundet sind – dieselben Prioritäten haben wir auf jeden Fall!

ERNÄHRUNG

Da Selfcare für mich mit allen Lebensbereichen zu tun hat, ist es nur logisch, dass ich an dieser Stelle auch über die Themen Ernährung und Sport spreche. Mentale und körperliche Gesundheit gehören für mich einfach zusammen, denn auch wenn mein Kopf hier im Buch natürlich die Hauptrolle spielt, besteht mein Körper ja ganz klar noch aus mehr Teilen.

Beginnen wir mit dem Thema Ernährung. Mir fällt es ehrlich gesagt ganz schön schwer, darüber zu schreiben, weil mir bewusst ist, wie wahnsinnig komplex und emotional dieses Thema für viele Menschen ist. Falls ihr mit einer Essstörung zu kämpfen habt oder euch das Thema anderweitig belastet, möchte ich euch deswegen auch hier gern auf das Ende des Buchs und auf die Hilfsangebote dort hinweisen. Ich hatte das Glück, meine Teenagerzeit ohne Essstörungen zu überstehen. Ich war eine Zeit lang sehr schlank, weil ich schnell gewachsen bin. Manchmal haben die Panikattacken auch dafür gesorgt, dass ich keinen sonderlich großen Appetit hatte, aber abgesehen davon, war Essen für mich mit positiven Dingen verbunden. Während ich in der Schule saß, freute ich mich jeden Tag darauf, später zusammen mit meiner Familie am Tisch zu sitzen. Meine Eltern können beide sehr gut kochen, und ich liebe es auch heute noch, bei ihnen zu Besuch zu sein und mich mal nicht selbst ums Essen kümmern zu müssen. Ich wurde beim Thema Ernährung außerdem nur relativ wenig durch Medien beeinflusst. Social Media gab es zu meiner Teenagerzeit noch nicht in dem Ausmaß, in dem es heute existiert, und Sendungen wie »Germany's Next Topmodel« durfte ich mir nicht anschauen. Meine Eltern reservierten nämlich jeden Abend den Fernseher für sich, also blieben mir nur Comedy-Videos auf YouTube, und die drehten sich meist um ganz andere Themen. Ich hatte vor meiner Zeit auf YouTube auch das Glück, nur selten blöde Kommentare über meinen Körper zu hören, und über Werbeplakate sah ich hinweg, weil ich die Leute darauf nie als real existierende Personen wahrnahm. Als auf dem Pausenhof dann irgendwann die Diskussionen über

Kalorien begannen und die ersten meiner Freundinnen Diäten machten, klinkte ich mich aus. Ich kann euch nicht wirklich erklären, woher dieses Desinteresse und der Abstand dazu kamen. Vermutlich nicht daher, dass ich ganz bewusst darauf geachtet habe, einen gesunden und reflektierten Umgang mit dem Thema zu finden. Es hatte wahrscheinlich eher damit zu tun, dass meine Sorgen und Probleme damals in anderen Bereichen lagen. Ich hatte so viel mit meiner Sozialen Angst zu kämpfen, dass ich einfach keinen Platz mehr für vermeintliche Schönheitsideale und Ernährungstrends hatte.

Seit einigen Jahren wird es aber auch für mich immer schwieriger, diesen Themen zu entkommen. Die sozialen Medien sind voll von Fragen wie »Welche Ernährungsweise ist die richtige? Was ist jetzt superhealthy und was nicht? Ist mein Leben ein einziger Cheat Day?« Instagram sagt zur letzten Frage ganz eindeutig ja und bewirft mich passend dazu vorwurfsvoll mit Fotos von perfekt angerichteten Bowls, Smoothies und ... nun ja, noch mehr Bowls. Guck mal, so toll machen das alle anderen! So hat eine gesunde Ernährung auszusehen. Sind das da etwa CARBS auf deinem Teller? Okay, Instagram, danke für deinen Beitrag. Intuition, was sagst du denn dazu?

Diese letzte Frage fasst meine Haltung zum Thema Ernährung eigentlich schon ziemlich gut zusammen. Ich höre hauptsächlich auf mein Bauchgefühl. Schließlich ist das ja auch der Ort, an dem mein Essen landet. Zu viel auf das zu achten, was Social Media zum Thema Ernährung zu sagen hat, ist einfach nur verwirrend für mich. Ich fühle mich überfordert davon und blicke zwischen Raw till 4, Intervallfasten, LowCarb, HighCarb und NoCarbsAtAll einfach nicht durch. Deswegen achte ich darauf, möglichst wenige Inhalte dieser Art in meinem Feed zu haben. Manchmal suche ich ganz gezielt nach Rezeptinspirationen und finde die meisten Bowls, die mir dabei begegnen, auch wirklich sehr hübsch. Doch ich habe mich damit abgefunden, dass meine Tellerdeko niemals so artsy aussehen wird. Meine Oma hätte gesagt: »Des isch ned schlimm. Im Bauch kommt doch eh alles zam.« Diese Einstellung habe ich von ihr übernommen.

Bei der Frage nach der richtigen Ernährungsweise gibt es nur eine »Regel«, an ich mich halte, und die ist ebenfalls aus meinem Bauchgefühl heraus entstanden: Ich achte darauf, dass alle Lebensmittel, die ich esse, vegan sind. Das ist eine Entscheidung, die ich vor fünf Jahren getroffen habe. Um dieses riesige Thema in zwei Sätzen zusammenzufassen: Mein Bauch geht auf wie ein Hefekloß, wenn ich Milchprodukte esse, und ich darf mich zudem noch stundenlang mit Krämpfen herumschlagen. Außerdem springt meine Intuition auch bei den Themen Ethik und Umweltschutz an, weswegen das für mich der richtige Weg ist. Auch hier möchte ich noch mal das »für mich« betonen, das für alles gilt, was ich hier schreibe.

Mein Bauchgefühl und ich arbeiten sehr gut zusammen, und es sorgt auch für eine ziemlich ausgewogene Mischung auf meinem Teller. Mal gibt's Salat, mal Schokolade. Mal Pommes und Donuts, mal Gemüseauflauf und frisches Obst. Unter manche Tage könnte ich auf Instagram tatsächlich einen #CleanEating setzen, andere sind ganz klar #Gönndir. Ich verbiete mir nichts und höre auf das, was mein Körper mir sagt.

Die einzige Ausnahme, die ich mache, sind Phasen, in denen ich extrem viel Stress habe. Der trübt das Urteilsvermögen meines Bauchgefühls, das dann nur noch lautstark nach Zucker schreit. Ich habe gelernt, dass das in diesen Momenten nicht daran liegt, dass ich wirklich Hunger oder auch nur Appetit auf Zucker hätte, sondern dass da wirklich nur der Stress aus mir spricht. Daher nehme ich mir in solchen Momenten bewusst eine Pause und esse etwas, das mich länger satt hält und dieses Gefühl beruhigt. Eine gewisse Planung ist mir beim Essen auch wichtig, und ich greife der bunten Mischung auf meinem Teller damit quasi ein bisschen unter die Arme. Ich schreibe mir sonntags einen Wochenplan für die Gerichte, die ich gern in den nächsten Tagen essen möchte, und kaufe dann dementsprechend ein. Wenn ich an einem Tag merke, dass ich partout keinen Bock auf das geplante Rezept habe, koche ich stattdessen etwas anderes, doch das passiert eher selten. Mit ein bisschen Vorbereitung kann ich ganz gut sicherstellen, dass ich nicht fünf Tage am Stück Reis esse und den dann nicht mehr sehen kann. Außerdem sind die Tage, an denen ich urplötzlich vor einem leeren Kühlschrank stehe, deutlich seltener geworden. Ich habe mir angewöhnt, abends eine doppelte Menge zu kochen und die dann am nächsten Tag noch mal zu Mittag zu essen. Für mich passt das perfekt zu meinem Tagesrhythmus, weil ich mittags meist viel zu tun habe, mir abends aber auch mal ganz entspannt eine oder zwei Stunden zum Kochen und Backen nehmen kann. Für meinen Kopf und mich ist das alles eine gute Art und Weise, mit dem Thema umzugehen. Mit einer Menge Bauchgefühl und möglichst wenig Stress. Ich fühle mich damit wohl und mein letztes Blutbild sagt mir, dass bei meinen Werten auch alles passt. Ja, sogar bei den Proteinen! (Nur für den Fall, dass ihr deswegen besorgt wart.)

SPORT

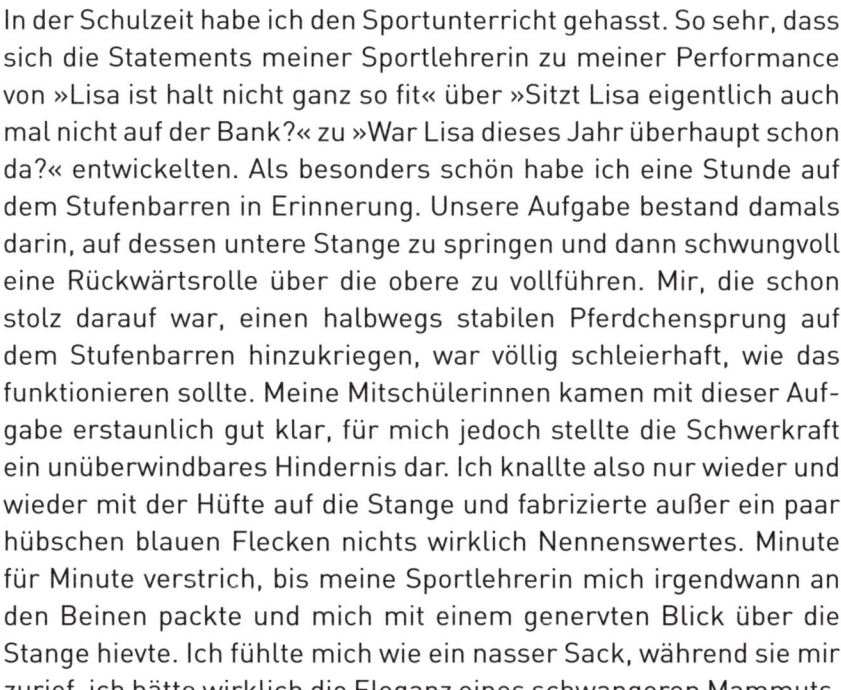

In der Schulzeit habe ich den Sportunterricht gehasst. So sehr, dass sich die Statements meiner Sportlehrerin zu meiner Performance von »Lisa ist halt nicht ganz so fit« über »Sitzt Lisa eigentlich auch mal nicht auf der Bank?« zu »War Lisa dieses Jahr überhaupt schon da?« entwickelten. Als besonders schön habe ich eine Stunde auf dem Stufenbarren in Erinnerung. Unsere Aufgabe bestand damals darin, auf dessen untere Stange zu springen und dann schwungvoll eine Rückwärtsrolle über die obere zu vollführen. Mir, die schon stolz darauf war, einen halbwegs stabilen Pferdchensprung auf dem Stufenbarren hinzukriegen, war völlig schleierhaft, wie das funktionieren sollte. Meine Mitschülerinnen kamen mit dieser Aufgabe erstaunlich gut klar, für mich jedoch stellte die Schwerkraft ein unüberwindbares Hindernis dar. Ich knallte also nur wieder und wieder mit der Hüfte auf die Stange und fabrizierte außer ein paar hübschen blauen Flecken nichts wirklich Nennenswertes. Minute für Minute verstrich, bis meine Sportlehrerin mich irgendwann an den Beinen packte und mich mit einem genervten Blick über die Stange hievte. Ich fühlte mich wie ein nasser Sack, während sie mir zurief, ich hätte wirklich die Eleganz eines schwangeren Mammuts.

Auf dieses Erlebnis folgten viele Jahre, in denen ich in meiner Freizeit absolut keine Lust hatte, mich mit Sport auseinanderzusetzen. Das ganze Thema war für mich nur mit Demütigung, Enttäuschung und einem Gefühl von Schwäche verbunden. Dementsprechend groß war für mich auch die Herausforderung für eines meiner sieben »Dates mit mir selbst« zu einer Yoga-Probestunde zu gehen. Die verlief zwar weniger schlimm als gedacht, doch so ganz überzeugen konnte sie mich nicht.

Das schaffte erst eine ganz besondere Version davon: Aerial Yoga. Als mir eine Freundin zum ersten Mal davon erzählte, hatte ich nicht daran geglaubt, dass sich ausgerechnet das als die Sportart herausstellen würde, die mir tatsächlich Spaß machte. Sie erklärte mir nämlich, dass Aerial Yoga bedeutete, die Übungen nicht auf dem Boden auszuführen, sondern in Tüchern, die als lange und elastische Schlaufen von der Decke hingen. Meistens baumelte man dabei wohl auch noch kopfüber in der Gegend herum, und als ich mir Videos davon ansah, war da für meinen Geschmack auch eindeutig zu viel Akrobatik im Spiel. Es sah cool aus, keine Frage, doch ich würde das garantiert nicht hinkriegen. Eines Tages ließ ich mich dann aber doch zu einer Probestunde breitschlagen und gehe seitdem tatsächlich zweimal pro Woche dorthin. Die Trainer*innen stellten sich nämlich als das komplette Gegenteil meiner früheren Sportlehrerin heraus. Sie waren geduldig, lobten und unterstützten jeden noch so kleinen Fortschritt und strahlten eine solche Wärme und Offenheit aus, dass ich mich direkt wohlfühlte.

Seitdem ich die Kurse dort besuche, fühlt Sport sich tatsächlich nach »Ich tue mir selbst etwas Gutes« an. Es ist kein Zwang mehr, sondern etwas, das mir wirklich viel Freude bereitet. Ich fühle mich dadurch selbstbewusster, glücklicher, und auch wenn ich immer noch weit davon entfernt bin, vorgebeugt mit den Händen auf den Boden zu kommen, ist mein Rücken immer wieder erstaunt darüber, wie entspannt er sich eigentlich nach einer Stunde Sport fühlen kann.

Falls ihr also in eurer Schulzeit auch ein negatives Verhältnis zu diesem Thema hattet, kann ich euch wirklich von ganzem Herzen empfehlen, es als Erwachsene noch mal zu probieren. Es klingt immer so ein bisschen überdramatisch zu sagen »Das hat mein Leben verändert«, aber einen Unterschied in meiner Selbstwahrnehmung hat es auf jeden Fall gemacht, und nicht nur meinem Körper, sondern auch meinem Kopf tut es wahnsinnig gut.

DIE ANTI-BUCKET-LIST

Meinen neu gefundenen Selfcare-Maßnahmen einen Platz in meinem Leben einzurichten, war anfangs leichter als gedacht. Zu der Zeit fühlte ich mich ohnehin meist wie ein wandelndes Mittagsschläfchen, daher war ich auch offener dafür und ließ es eine Weile lang sehr ruhig und entspannt angehen. Doch wie das im Leben nun mal so ist, kam die Realität dann doch eines Tages auf einer Dampfwalze um die Ecke gebrettert und war bereit, all die zarten Pflänzchen wieder über den Haufen zu fahren. Stress und Hektik machten sich breit, gefühlt jeder Mensch in meinem Umfeld schien nur das Ende meiner »Pause« abgewartet zu haben, um irgendetwas von mir zu brauchen, das ich ganz schnell und jetzt sofort und am besten eigentlich schon gestern erledigen musste. Mir brummte der Kopf davon, und neben der Überforderung stellte sich auch schnell wieder das Gefühl ein, im Vergleich zu allen anderen überhaupt nichts zu schaffen, ja vielleicht sogar niemals irgendetwas geschafft zu haben! Stimmen, die beteuern, dass das natürlich Blödsinn ist, kommen in solchen Momenten oft nicht im Kopf an, denn der ist da gerade komplett auf Irrationalität gepolt.

Deswegen habe ich in dieser Zeit eine weitere Übung lieben gelernt: die Anti-Bucket-List. Klar, Ziele sind schön und gut. Doch manchmal muss man sich auch einfach mal auf die Dinge konzentrieren, die man schon geschafft hat. Wenn ich sehr unzufrieden mit mir selbst bin, blendet mein Kopf gern mal aus, dass es sich hier gerade nur um einen schlechten Tag und nicht um ein schlechtes Leben handelt. Er tut dann gern so, als wäre ich erst heute auf diesen Planeten geplumpst und würde komplett bei null anfangen.

Dabei habe ich inzwischen ja schon fast 25 Jahre auf dem Buckel, und da haben sich definitiv zwei, drei Sachen angesammelt, auf die ich wirklich stolz war. Daher überlegte ich mir, anknüpfend an die Frage, die ich mir bei meinem Jahresrückblick gestellt hatte, was denn bisher generell gut in meinem Leben gelaufen war. In welchen Momenten war ich zufrieden mit mir gewesen? Was waren besonders schöne Ereignisse, in denen ich mich stolz gefühlt hatte, oder Bereiche, bei denen ich rückblickend eine positive Entwicklung feststellen konnte?

Auf meiner Anti-Bucket-List stand unter anderem: »Ich habe einen guten Schulabschluss gemacht und konnte mich für die Studienfächer einschreiben, die ich mir gewünscht habe. Ich lebe in einer Stadt, in der ich mich sehr wohlfühle. Ich habe mich selbstständig gemacht und kann davon leben. Ich habe meine Angststörung überwunden, kann das Haus verlassen, ohne in Panik zu geraten, und die Aussicht darauf, dass mir zwei Millionen Menschen dabei zusehen werden, wie ich Angela Merkel interviewe, hat nicht dafür gesorgt, dass ich in Ohnmacht gefallen bin.« Über meine Angststörung und diesen wirklich verrückten Tag werde ich euch gleich noch mehr erzählen. Das alles sind jedenfalls Dinge, auf die ich stolz bin, und mich an miesen Tagen an sie zu erinnern, hilft mir besser als jedes noch so große Stück Schokokuchen. Obwohl Schokokuchen natürlich immer eine gute Idee ist, und ihr ihn gern essen könnt, während ihr eure eigene Anti-Bucket-List ausfüllt.

Ein wirklich einfaches Rezept für einen wunderbar köstlichen Schokokuchen findet ihr übrigens am Ende des Buches auf Seite 191.

COMMUNITY

Community-Time: Anti-Bucket-List

Ich finde, dass es nie schaden kann, zu schauen, worauf andere Menschen denn so stolz sind. Und deshalb habe ich – na was wohl? – natürlich auch hier meine Zuschauer*innen befragt! Vielleicht denkt ihr ja gleich auch bei dem einen oder anderen Punkt: »Oh stimmt. Das hab ich auch schon geschafft und hatte es gar nicht mehr so richtig auf dem Schirm.« Mir ging es jedenfalls so, also sind hier ein paar der Dinge, auf die ihr besonders stolz seid:

- *Ich bin an eine andere Universität gewechselt, und trotz einiger anfänglicher Zweifel habe ich auch dort tolle neue Freunde gefunden.*

- *Seit zwei Jahren wohne ich jetzt in einer eigenen Wohnung und bin bis jetzt weder verhungert noch habe ich es verpasst, meine Miete rechtzeitig zu zahlen.*

- *Trotz Flugangst habe ich mich dieses Jahr zum ersten Mal allein in ein Flugzeug getraut.*

- *Ich habe ein Au-pair-Jahr weit weg von zu Hause gemeistert. Mitsamt all der komplizierten Sachen, die damit so verbunden waren, wie Steuern, Behördengänge etc.*

- *Auch wenn ich das früher lange nicht konnte, stehe ich jetzt zu mir selbst und akzeptiere mich so, wie ich bin.*

- *Früher hatte ich große Probleme damit, allein zu sein. Jetzt macht mir das nichts mehr aus, und ich genieße die Zeit sogar.*

- *Im fünften Versuch habe ich meinen Führerschein dann doch geschafft. Ich war davor echt demotiviert und bin jetzt so stolz, dass das geklappt hat.*

- *Im Abi hatte ich noch einen Schnitt von 3,5 und hätte fast nicht studiert. Dann habe ich mich aber doch dafür entschieden, mich richtig reingehängt und bin im Bachelor mit 1,5 ganze zwei Noten besser geworden.*

- *Für mich war es ein ganz besonderer Moment, als ich bei einer Tanzvorführung in der ersten Reihe stehen durfte.*

- *Ich habe mit meinem Projekt bei »Jugend forscht« mitgemacht und bin dort sogar in die nächste Runde gekommen.*

- *Trotz großer Nervosität habe ich beim Schulkonzert einen fehlerfreien Soloauftritt mit der Klarinette hingelegt.*

- *Lernen fällt mir schwer, und ich habe keinen sonderlich guten Abschluss gemacht. Trotzdem konnte ich meinen neuen Arbeitgeber im persönlichen Gespräch überzeugen und habe meinen Wunsch-Ausbildungsplatz bekommen.*

- *Ich habe zusammen mit meinem Freund ein kleines Unternehmen gegründet. Ich hätte nie gedacht, dass wir das allein auf die Beine stellen könnten, und bin sehr stolz darauf.*

- *Trotz Sozialer Angst bin ich drei Monate lang allein durch Neuseeland gereist und hatte dabei unfassbar viel Spaß.*

- *Ich habe ein Projekt gegen Rassismus initiiert und durchgeführt, auch wenn ich mir das selbst zuvor nie zugetraut hätte.*

- *Ich habe mir ganz allein Klavierspielen beigebracht.*

- Allen zu zeigen, dass auch ich als ehemaliger Hauptschüler einen Einserdurchschnitt im Abi erreichen kann, ist die Sache, auf die ich am meisten stolz bin.

- Mein Umfeld nervt mich regelmäßig mit dummen Sprüchen, weil ich mich vegetarisch ernähre. Dennoch ziehe ich es durch.

- Ich habe jemandem trotz geringer Chance auf Erfolg meine Liebe gestanden. Tatsächlich ohne Erfolg, aber ich habe mich mutig gefühlt, und es war die richtige Entscheidung.

- Ich habe mir ganz allein mein Moped zusammengespart. Das waren 1.500 €, was für mich richtig viel Geld ist.

- Inzwischen traue ich mich, anzuziehen, was ich will. Egal, was andere darüber denken.

- Ich habe als alleinerziehende Mutter eine Ausbildung gemacht. Das hat mir an manchen Tagen wirklich Angst gemacht, hat sich aber sehr gelohnt!

- Ich habe mir selbst beigebracht, wie meine Kamera funktioniert, und fotografiere jetzt immer manuell.

- Mit 27 Jahren, nach fast einem Jahrzehnt in meinem Job, bin ich wieder zurück in die Schule gegangen.

- Ich habe selbst ein Spiel programmiert und bin wahnsinnig stolz darauf, mir alle nötigen Fähigkeiten dafür selbst beigebracht zu haben.

- Ich kann ein Spannbetttuch rechteckig falten. Dagegen stinken all anderen Erfolge in meinem Leben ab!

WARUM ICH MEINE SOCIAL-MEDIA-SEITEN GELÖSCHT HABE

Vielleicht fragt ihr euch, ob irgendwann mal der Punkt erreicht war, an dem ich den Wal-Zustand ganz klar hinter mir gelassen habe. Ein Abschluss, nach dem mein Kopf und ich einfach unbeschwert zusammen über Blumenwiesen hüpfen und den Stress Stress sein lassen konnten. Die Antwort darauf ist nein. Ich habe in den letzten drei Jahren wahnsinnig viel über mich selbst gelernt, weiß besser, wie ich ticke und was mir guttut, aber ich glaube, dass mein Weg bei diesem Thema nie komplett frei von Steinen sein wird. Das ist aber kein Grund zur Panik, denn ich denke, dass es den meisten von uns so geht. Wichtig ist nur, dass wir uns bewusst mit diesen Steinen auseinandersetzen. Zu reflektieren und Lösungsstrategien zu überlegen, ist ein bisschen, als würde man den Stein zunächst einmal als solchen erkennen und ihn dann ganz in Ruhe unter einer Lupe betrachten. Ich analysiere seine verschiedenen Schichten und überlege mir dann, ob ich ihn lieber an den Straßenrand schieben oder in kleinere Teile zerkloppen sollte, damit ich nicht mehr über ihn stolpere und auf die Nase falle. Was Geologin Lisa damit sagen möchte (und wahrscheinlich als völlig unpassende Metapher verwendet), erkläre ich an einem aktuellen Beispiel. Meine letzte große »Erkenntnis« ist ehrlich gesagt schon ein paar Monate her. Machen wir also einen Zeitsprung zum ersten Januar dieses Jahres. Meine Wohnung war an diesem Tag voll mit meinen Freund*innen, die mich zu Silvester besucht hatten, und als ich um 7 Uhr morgens die Augen aufschlug, schlummerten sie alle noch selig. Ich war erst drei Stunden zuvor ins Bett gegangen, doch wie wir inzwischen wissen, ist das meinem Schlafrhythmus ja ziemlich egal. Der hält sich lieber an seine gewohnten Aufwachregeln, und er hatte mich immerhin sogar schon extra eine Stunde länger in Ruhe gelassen als sonst. Das musste ja wohl bitteschön reichen! Weil ich wusste, dass sich daran nicht rütteln ließ, nahm ich mir vor, es in ein paar Stunden noch mal bei ihm zu versuchen und ihm dann den vorsichtigen Wunsch nach einem Nickerchen zu unterbreiten.

Da lag ich also, neben meiner besten Freundin, deren Schlafrhythmus sich bestimmt erst frühestens in vier Stunden melden würde, und fragte mich, was ich wohl mit all der freien Zeit anfangen sollte. Ich lebe in einer Altbauwohnung mit laut quietschenden Holzböden. Und wenn ich nicht den Zorn der dadurch unsanft aufgeweckten Gruppe auf mich ziehen wollte, wäre es besser, liegen zu bleiben. Da meine Handlungsmöglichkeiten so sehr begrenzt waren, griff ich nach meinem Smartphone und runzelte direkt die Stirn. Das Ding und ich hatten in letzter Zeit wirklich kein gutes Verhältnis zueinander gehabt. Vor allem der Dezember war hart gewesen. Ich hatte viel zu viel Zeit auf Social Media verbracht, und ich merkte, dass das meinem Kopf nicht guttat. Das Eichhörnchen, das von Instagram zu YouTube zu Facebook zu Twitter und wieder zurück sprang, hatte definitiv seine Hochphase, und es ließ mich unzufrieden, gestresst und mit tierischen Kopfschmerzen zurück. Da war er also, der Stein in meinem Weg. Doch wollte ich jetzt wirklich den Jahreswechsel dazu nutzen, mich mit ihm auseinanderzusetzen? Ach, letztendlich war das doch schnurzpiepegal. Jetzt hatte ich Zeit, warum also noch ein paar Tage warten? Hatte ich etwa Angst, dass die Klischee-Polizei kommen und mich mitnehmen würde? Ich scrollte also durch mein Handy und landete irgendwann bei der »Screentime«-Funktion. Zu ihr empfand ich eine sehr leidenschaftliche Hassliebe. Einerseits war ich ihr dankbar dafür, dass sie mir vor Augen führte, wie viele Stunden ich Tag für Tag auf Social Media verbrachte. Andererseits stressten mich diese Zahlen. »Ich brauche das doch für meinen Job!«, verteidigte ich mich, wenn ich wieder mal eine vier oder eine fünf auf der Stundenanzeige sah. »Wenn ich nicht auf Social Media bin, dann kann ich den vergessen.« Doch war das wirklich so? Wie viel Zeit von diesen vier bis fünf Stunden nutzte ich denn aktiv dazu, eigene Fotos und Videos zu posten oder mir Dinge anzuschauen, die mich weiterbrachten und inspirierten? Wie viel Zeit ging im Gegenzug dafür drauf, dass ich mich durch die Ansammlung blöder Werbeanzeigen und irrelevanter Posts wühlte, aus denen mein Facebook-Feed bestand? Warum hatte ich Facebook überhaupt noch, wenn es mich so doll nervte? Die Geburtstage meiner Freund*innen standen doch auch so in meinem Kalender, die Unigruppe »Politik Erstis« brauchte ich schon seit mindestens sieben Semestern nicht mehr und die Leute, mit denen ich dort befreundet war, konnte ich auch jederzeit über WhatsApp und Instagram erreichen. Eine seltsame Unruhe machte sich in mir breit. Sollte ich Facebook vielleicht wirklich löschen? Nach fast zehn Jahren, die ich die Seite nun nutzte? Es war ein bisschen, als würde ich einen alten Freund aus meinem Leben streichen wollen, weil ich festgestellt hatte, dass wir einfach nichts mehr gemeinsam hatten und nur noch aus Gewohnheit Zeit miteinander verbrachten. Denn genau das war es. Wenn ich Facebook öffnete, dann aus einem Reflex heraus, der irgendwie zu meinem Alltag gehörte. Ich tat es beispielsweise, nachdem ich mehrere Stunden lang konzentriert gearbeitet hatte und eine Pause brauchte. Dann wanderte mein Finger zur App, und das unbefriedigende Scrollen ging los. Warum tat ich das eigentlich, statt das Fenster zu öffnen und frische Luft in den Raum zu lassen, mir ein bisschen die Beine zu vertreten, zu tanzen oder irgendeine andere der Sachen zu machen, bei denen ich wusste, dass sie wirklich eine Pause für mich und meinen Kopf bedeuteten? Ich öffnete mein Profil und scrollte nach unten. Mein letzter Post war von 2012, und seitdem hatte sich hier nicht mehr viel getan. Ich sah noch mal meine Freundesliste durch, um wirklich sicherzugehen, dass ich mit allen Leuten darin anderweitig Kontakt halten konnte, und dann tat ich es. Ich löschte meinen Account.

Facebook machte mir das wirklich nicht leicht, fragte gefühlt tausendmal nach, ob ich das wirklich wollte und gut durchdacht hatte. Als ich das wieder und wieder bejahte, folgte ganz am Ende noch der Hinweis darauf, dass ich den Account jederzeit wieder aktivieren könnte. So richtig löschen ließ sich da also nichts, aber das war mir jetzt egal. Aus den Augen, aus dem Sinn. Ich ließ die App von meinem Handy verschwinden, zusammen mit dem dazugehörigen Messenger, und weil sich das so gut anfühlte, schob ich auch direkt noch Snapchat und Twitter hinterher. Mit Snapchat war ich noch nie so richtig warm geworden, und Twitter war eine alte Liebe von mir, die mich aber schon lang nicht mehr glücklich machte. Deswegen hatte ich auch da das Gefühl, dass wir nun besser getrennter Wege gehen sollten. Es fühlte sich tatsächlich ein wenig dramatisch an, und weil ich noch immer die Einzige zu sein schien, die wach war, blickte ich vorsichtig weiter zur Instagram- und YouTube-App. Nein, die beiden wollte ich behalten. Auf diesen Plattformen fühlte ich mich wohl. Na ja, zumindest wohler.

Auch dort gab es Aspekte, die mich stressten. Ich hatte davor schon immer mal wieder meine Abos und die Leute, denen ich folgte, aussortiert, doch jetzt war es Zeit für einen Rundumschlag. Ich ging die Listen durch und dachte bei jedem einzelnen Kanal, den ich abonniert hatte, und jedem Account, dem ich folgte, darüber nach, was die Beiträge der jeweiligen Personen in mir auslösten. Fühlte ich mich inspiriert und bekam gute Laune oder verglich und ärgerte ich mich nur? Interessierten mich die Inhalte noch? Auf YouTube war dieser Prozess recht einfach, da deabonnierte ich direkt, was das Zeug hielt, und blickte danach glücklich auf eine übersichtliche und inspirierende Abobox. Instagram war da noch mal eine andere Sache. Denn während man die Abos auf YouTube nicht sehen konnte, wurde die Frage, wer wem folgte, auf Instagram schnell mal zum Politikum. Wenn ich gewissen Leuten entfolgte, würden Gerüchte entstehen. »Hey Leute, ist euch eigentlich aufgefallen, dass Lisa Person XY nicht mehr folgt? Haben die beiden sich etwa gestritten?« Manche Menschen waren da wirklich mit detektivischer Genauigkeit am Werk und machten Mücken zu Elefanten. Darauf hatte ich absolut keinen Bock. Zudem wären da dann noch die Fragen der Person selbst. »Hab ich irgendwas gemacht, warum du mir nicht mehr folgst? Findest du mich zu langweilig oder zu nervig? Bist du sauer auf mich?« Diese Gedanken und Sorgen wollte ich keineswegs ins Lächerliche ziehen, denn ich kannte sie sehr gut und hatte sie selbst auch oft genug gehabt. Auch wenn man die Person vielleicht weiterhin gern mochte und nur kein Interesse mehr an ihren Beiträgen hatte, fühlte dieser Klick sich ein bisschen an, als würde man eine Freundschaft im realen Leben beenden. Zwischen diesen beiden Welten zu differenzieren, wurde leider immer komplizierter. Um es mir selbst ein bisschen leichter zu machen, begann ich deswegen erst einmal mit den Accounts, die nicht von Leuten aus meinem persönlichen und beruflichen Umfeld stammten. Ich sah mir deren Feeds und Storys an und entschied dann, was ich behalten wollte und was nicht. Manchen Accounts entfolgte ich komplett, bei anderen behielt ich nur den Feed und stellte die Storys stumm oder andersherum. Dasselbe tat ich dann auch beim Rest der Leute, denn es schien mir einfach der beste Weg zu sein, die Seite für mich übersichtlicher und schöner zu gestalten. Ich hoffte sehr, dabei keine Gefühle verletzt zu haben, denn jemanden virtuell auszuschließen oder die Person zu verunsichern war definitiv nicht der Sinn der Sache gewesen. Ich wollte nur ein bisschen mehr Ruhe für meinen Kopf schaffen und hatte nun nur noch eine so übersichtliche Menge an Beiträgen übrig, dass ich sie in ungefähr einer halben Stunde durchsehen konnte. Das schien mir ein Maß für soziale Medien zu sein, das ich angenehm fand, und ich hatte danach dennoch das Gefühl, alles mitbekommen zu haben, was relevant für mich war.

#BODYGOALS & #RELATIONSHIPGOALS

Ich dachte noch eine Weile länger über mein Instagram-Verhalten nach. Was stresste mich daran denn noch? Wenn ich ehrlich war, dann definitiv die »Entdecken«-Funktion. Auch wenn mir mein eigener Feed nun sehr bunt und inspirierend entgegenlächelte, tauchten dort weiterhin wunderschöne und durchtrainierte Personen in scheinbar unglaublich glücklichen und perfekten Beziehungen auf. Da zeigten sie sich in voller Pracht, die #Bodygoals und #Relationshipgoals. Natürlich war mir klar, dass das nur ausgewählte Momente aus dem Leben der jeweiligen Personen waren. Da war aus Hunderten Fotos das mit dem besten Winkel, dem besten Licht und der besten Pose gewählt worden. Auch ich war, was das anging, nicht ganz unschuldig und achtete natürlich ebenfalls darauf, auf Fotos möglichst vorteilhaft auszusehen. Riesige Picknicks mit farblich perfekt auf die Decke abgestimmten Tellern und Outfits, hoch aufgetürmte Obstplatten an karibischen Sandstränden und auf meinem Bett drapierte Lichterketten und Blumensträuße gab es in meiner Welt allerdings nicht. Na ja, im normalen Alltag dieser Leute, die auf Instagram scheinbar ein solches Leben führen, wahrscheinlich genauso wenig, und diese super»natürlichen« Motive waren davor erst mal aufwendig in Szene gesetzt worden. Obwohl mir das in der Theorie klar war, sah mein Unterbewusstsein gern mal über diese Tatsache hinweg und konzentrierte sich lieber aufs Vergleichen. Warum badete ich eigentlich gerade nicht in Rosenblättern? Vielleicht weil die Dinger in Wahrheit ganz schön nervig auf der Haut klebten und man sie am Ende alle wieder einzeln aus dem Abfluss fischen durfte. Warum saß ich nicht an einem australischen Strand und biss lachend in ein Stück Wassermelone? Weil ich gegen die Dinger allergisch bin und eigentlich gerade auch ganz gern hier in Deutschland war. Das alles in Relation zu setzen, half mir zu sehen, dass ich zwar irgendwie automatisch Neid verspürte, es aber eigentlich besser wusste beziehungsweise mich selbst inzwischen auch besser kannte. Ich reiste zwar gern, aber einen krassen Travel-Lifestyle, bei dem man jede Woche an einem anderen paradiesisch schönen Ort war, konnte ich mir für mein Leben nicht vorstellen. Das würde ich spätestens am dritten Ort nicht mehr verarbeiten und wertschätzen können, und außerdem mochte ich mein Zuhause und mein Umfeld. Die Dinge, die ich auf diesen Fotos sah, brauchte ich nicht, und selbst wenn plötzlich jemand an meiner Tür geklingelt hätte, um meine ganze Wohnung kostenlos mit Lichterketten, Rosenblättern und Obstplatten auszustatten und meine Haarsträhnen in Herzchenformen um meinen Kopf herum anzuordnen, dann hätte das mein persönliches Wohlbefinden nicht zum Besseren verändert.

Außerdem war ich mit meinem Körper so, wie er war, zufrieden und wollte nichts an ihm verändern. Ich brauchte keinen superdefinierten Bauch und hatte auch keinen Bock, jeden Tag stundenlange Workouts zu machen.

Meine Vorstellung von #Relationshipgoals bestand auch nicht

unbedingt daraus, ständig knutschend vor Sonnenuntergängen und Feuerwerken zu stehen oder dabei zueinanderpassende Hoodies mit der Aufschrift »His« und »Hers« zu tragen. Ich hätte da mehr an gemeinsame Interessen gedacht, an anregende Gespräche, ein vertrautes Gefühl, wenn man Zeit miteinander verbrachte und an so Kram wie Humor, Intelligenz und Zuverlässigkeit. Nicht sonderlich instagramable, ich weiß.

Auf der anderen Seite brachte es mir aber auch nichts, mich über diese Leute aufzuregen. Ich machte mich zwar gern mal mit Freund*innen über solche Instagram-Klischees lustig, oder wir diskutierten darüber, welche zweifelhaften Vorbilder einer jungen Generation damit gegeben wurden. Es tat gut, das mal anzusprechen, doch mich ständig in meinem Alltag damit zu befassen, erzielte diesen Effekt nicht. Ganz im Gegenteil, zu viele Gedanken über solche Dinge nahmen in meinem Kopf nur Platz ein, den ich viel lieber kreativen und coolen Dingen widmen wollte. Mein Wissen, das ich in den letzten Jahren über Social Media angesammelt hatte, sagte mir zudem, dass es klug wäre, die Entdecken-Funktion eine Weile lang zu meiden. Wenn ich, statt mir die aktuellen Fotos dort anzusehen, Herzen an motivierende und inspirierende Beiträge verteilte, dann würde der Algorithmus, der Instagram steuerte, vielleicht irgendwann checken, dass es das war, was ich eigentlich sehen wollte. Das Ziel dieses Algorithmus war es ja, mich möglichst lang auf der Seite zu halten, und wenn ich ihm signalisierte, was ich wirklich gut fand, dann würden mir dort bestimmt auch irgendwann ähnliche Dinge empfohlen werden. Über diese Maßnahme kann ich heute, einige Monate später, sagen, dass sie sehr effektiv war. Mir wird dort zwar immer noch das eine oder andere »Goal« angezeigt, doch das Ganze entwickelt sich immer mehr in eine Richtung, die mir gefällt. Ich kann euch das also sehr empfehlen, genau wie das bewusste Gestalten eures Feeds. Ob wir es wollen oder nicht: Die Dinge, die wir Tag für Tag sehen, werden Teil unserer Realität, und ich war dankbar dafür, dass meine nun weniger Detox-Tees und dafür mehr Fotos von Wochenmarkteinkäufen, Waldspaziergängen und positiven Menschen enthielt. Außerdem startete ich kurz nach besagtem Neujahrsmorgen mit meinem lieben Freund Aron ein kleines Fotoprojekt unter dem #fürmehrrealitätaufinstagram. Bei vielen meiner Fotos könnt ihr jetzt nach links swipen und seht neben dem vorteilhaften Foto auch viele Doppelkinne, Stolperer und vielleicht auch den einen oder anderen Moment, in dem ich gerade niesen musste, während Aron auf den Auslöser gedrückt hat. Denn so sieht das Leben nun mal in Wirklichkeit aus.

#FRIENDSHIPGOALS

Wo wir schon bei den Goals wären: Was ist denn eigentlich mit #Friendshipgoals? Laut Instagram bestehen auch die vorrangig aus diversen zueinanderpassenden Outfits, doch ich würde sagen, wir schauen lieber noch mal eine Runde auf die inneren Werte. Genau wie bei einer Beziehung spielt es für mich auch bei einer Freundschaft eine große Rolle, dass ich mich wohlfühle, wenn ich Zeit mit einer Person verbringe. Ich möchte entspannt über die Dinge sprechen können, die mich gerade beschäftigen, und mir nicht bei jedem zweiten Thema überlegen müssen, ob ich das gerade überhaupt erzählen darf. Vertrauen ist für mich eine Grundvoraussetzung für eine Freundschaft. Ich möchte mir sicher sein, dass meine Sorgen und Probleme bei der anderen Person gut aufgehoben sind und dass Dinge, die ich im Vertrauen erzähle, danach nicht ungewollt die Runde machen.

Zuverlässigkeit ist auch noch so ein Thema. Taucht die Freundin oder der Freund pünktlich auf, wenn wir verabredet sind, oder bekomme ich regelmäßig kurzfristige Absagen? Möchte die Person nur dann Zeit mit mir verbringen, wenn ich gute Laune habe, oder ist sie auch dann für mich da, wenn ich mit Liebeskummer und einer Familienpackung Cookie-Dough-Eis auf dem Sofa hänge?

Ich freue mich mit meinen Freund*innen, wenn sie im Job, beim Sport oder bei irgendeiner anderen Sache, die ihnen wichtig ist, erfolgreich sind. Genau das wünsche ich mir dann andersherum auch von ihnen, denn gegenseitige Unterstützung ist mir sehr wichtig.

Selfcare bedeutet, in allen Lebensbereichen gut auf sich selbst und auf die eigenen Bedürfnisse zu achten. Das gilt für die Momente, die wir allein verbringen, aber auch für das Verhältnis zu den Menschen, die uns umgeben. Nachdem ich mich also lang genug mit mir selbst auseinandergesetzt hatte, warf ich einen Blick auf mein Umfeld. Ich fragte mich, wer denn eigentlich die wichtigsten Menschen in meinem Leben waren und ob ich momentan genug Zeit mit ihnen verbrachte. Ich überlegte mir, was ich tun könnte, um eine gute Beziehung zu ihnen zu erhalten oder mehr Kontakt mit ihnen zu haben. Die wichtigste Frage war aber, wer mir guttat und wer ein Energiefresser war. Diese Fragen habe ich mir nicht nur über meine Freund*innen gestellt, sondern auch über meine Familie, meine Beziehung und meine Kolleg*innen.

Hier möchte ich mich aber gern auf das Thema Freundschaft konzentrieren. Da fiel mir damals bei näherer Betrachtung auf, dass definitiv nicht alles eitel Sonnenschein war. Wenn ich ehrlich sein sollte, gab es da sogar mehr als nur einen Energiefresser, und ich hatte in den letzten Jahren definitiv zu viel Zeit mit diesen Personen verbracht. Ganz vorn dabei war da natürlich die Freundin, die mich nie zu Wort kommen ließ und keine Rücksicht auf meine Wünsche und Bedürfnisse nahm. Das war mir lang nicht aufgefallen, weil sie mich immer wieder dazu ermutigte, offen mit ihr zu sprechen. Doch wenn ich dann erklärte, wie ich mich fühlte, oder sogar mal wagte, anzusprechen, was mich an unserer Freundschaft störte, machte sie sich meist darüber lustig. Ich würde übertreiben, mit ihren anderen Freundinnen sei das alles auch kein Problem, und ich solle mich mal nicht so haben. Die Alarmglocken schrillten bei mir erst in dem Moment, als ich mal all die Situationen zusammenzählte, in denen ich solche Aussagen von ihr gehört hatte. Alles klar, wir mussten definitiv getrennter Wege gehen. Das galt auch für den Freund, der immer nur negativ über andere Menschen sprach und auch bei den Leuten nicht haltmachte, die ich sehr gernhatte. Er sagte zwar immer wieder, dass das mit mir ja ganz anders sei, weil wir uns »total auf einer Wellenlänge« befänden. Doch abgesehen davon, dass ich es nicht mochte, wenn jemand schlecht über meine

Freund*innen sprach, fragte ich mich, ob er hinter meinem Rücken nicht auch ähnliche Dinge über mich sagte. Nein, auch er fiel ganz klar raus.

 Andere Fälle entpuppten sich als deutlich schwieriger, und ich musste lang abwägen, ob es mir in Zukunft mit oder ohne die Freundschaft besser gehen würde. Was war denn beispielsweise mit der Freundin, die ich, seit wir uns kannten, wahnsinnig gernhatte? Sie war ein lustiger, offener und herzlicher Mensch. Ich konnte mit ihr über alles reden, wir hatten den gleichen Humor und ähnliche Interessen, aber leider fiel es ihr sehr schwer, Geheimnisse für sich zu behalten. So hatte sie dann eines Tages eine Sache weitererzählt, bei der es mir wirklich wichtig gewesen war, dass niemand außer ihr sie erfuhr. Ich hatte das auch mehrfach betont, und ich war wütend und enttäuscht, als mich plötzlich andere Freunde auf das Thema ansprachen. Da ich die Freundin aber gut genug kannte, um zu wissen, dass sie das nicht aus Boshaftigkeit getan hatte, beschloss ich, die Freundschaft trotzdem nicht zu beenden. Stattdessen sprach ich ganz offen mit ihr über das Problem und darüber, dass ich mir wünschte, sie würde empathischer und vorsichtiger mit solchen Dingen umgehen. Während dieser Unterhaltung merkte ich ganz klar, dass mein Bauchgefühl richtiggelegen hatte. Meine Freundin entschuldigte sich bei mir, und ich spürte, dass sie es ernst meinte. Seitdem ist nichts mehr in diese Richtung passiert, und ich bin froh, dass sie weiterhin Teil meines Lebens ist.

 Vielleicht habt ihr ja auch solche Menschen in eurem Freundeskreis. Beispielsweise jemanden, der superzuverlässig und immer für euch da ist, Konfrontationen aber mit aller Kraft aus dem Weg gehen möchte. Das ist dann vielleicht jemand, der euch nicht lautstark zur Seite steht, wenn ihr unfair behandelt oder kritisiert werdet, auf den ihr euch aber in sehr vielen anderen Situationen verlassen könnt. Die meisten Freundschaften sind nicht perfekt. Ganz einfach aus dem Grund, dass wir es halt auch nicht sind. Wir alle sind nur Menschen und haben so unsere Fehler und Macken. Ich fragte mich deswegen, als ich über meine Freund*innen nachdachte, auch im selben Atemzug, ob ich selbst eigentlich eine gute Freundin für sie war und was ich vielleicht besser machen konnte.

Eine weitere Sache, die mir in meiner Zeit als gestrandeter Wal zum Thema Freundschaft auffiel, war, dass mein Bild davon ganz schön bescheuert war. Irgendwo zwischen Disney-Filmen und Fünf-Freunde-Büchern hatte sich in meinem Kopf eingeprägt, dass Freundschaften ein »Ganz-oder-gar-nicht«-Deal zu sein hatten. Es galten also nur die Freund*innen, die sich nachts um vier nicht einfach im Bett umdrehten und weiterschliefen, wenn ich sie anrief, um zu berichten, dass ich gerade mit einem kaputten Regionalzug irgendwo jenseits von Pfuiteufel gestrandet war. Die hatten gefälligst auf der Stelle hellwach zu sein, um mich bereitwillig abzuholen! Ich möchte an der Stelle nicht sagen, dass es mir nicht wichtig wäre, solche Freund*innen zu haben, denn diese Leute gibt es tatsächlich in meinem Leben, und das ist mir unglaublich viel wert. Im Gegenzug würde ich auch für sie um die halbe Welt reisen, sollte es nötig sein. Doch ich lernte auch, dass es okay war, wenn sich nicht jede Freundschaft so intensiv anfühlte. Eine ganz schön späte Erkenntnis, mit meinen 21 Jahren.

Glücklicherweise wusste ich aber durch die absolut statistisch signifikanten Studien, die ich angestellt hatte (also durch das Lesen meiner YouTube- und Instagram-Kommentare), dass ich mit diesem Bild nicht allein dastand. Viele meiner Zuschauer*innen schrieben mir, dass sie sich damit genauso bescheuert vorkamen. Es war doch völlig okay, wenn nicht jede Freundin gleich unsere allerbeste Freundin war, die in allen Lebenslagen total perfekt zu uns passte. Es gab durchaus auch Mittelwege zwischen nächtlichen Rettungen und Menschen, die einem nicht guttaten. Natürlich ist es bei einer Freundschaft wichtig, sich in Gegenwart der anderen Person wohlzufühlen, und ein Mindestmaß an gemeinsamen Interessen kann auch nicht schaden. Es ist aber auch nicht schlimm, dann nur genau diese Dinge gemeinsam zu machen und sich für andere Bereiche andere Freunde zu suchen.

Ich begann also, den Stress aus dem ganzen Freundschaftsthema zu nehmen, und Berlin war das perfekte Pflaster dafür. Ich merkte, dass dieser neue Ansatz einen Fortschritt beim Thema Selfcare bedeutete, und ich fühlte förmlich, wie mein Kopf aufatmete. Die Angst, in der neuen Stadt einsam zu sein, wurde nach und nach immer kleiner. Schließlich wusste ich doch, dass ich bereits einen engen Kreis an Freund*innen hatte. Wir hatten uns über YouTube kennengelernt, und in den fast sieben Jahren, die wir uns nun schon kannten, hatten nur in den seltensten Fällen mehr als zwei von uns in derselben Stadt gelebt. Meistens waren wir sogar jeweils mehrere hundert Kilometer voneinander entfernt auf verschiedene Bundesländer verteilt, und als alle dann fürs Studium oder für den ersten Job umzogen, wurde das auch nicht gerade besser. Trotzdem sahen wir uns regelmäßig, entweder in kleineren Grüppchen oder alle zusammen. Wir fuhren zusammen in den Urlaub, verbrachten Silvester miteinander, und ich wusste, dass ich in dieser Gruppe immer Rückhalt und Unterstützung finden würde. Dass ich nun in Berlin war, änderte nichts daran, und sie würden genauso wenig aus meinem Leben verschwinden, wie sie es getan hatten, als ich noch in Bayern oder NRW gelebt hatte. Mit diesem Wissen im Hinterkopf konnte ich plötzlich viel entspannter an die Menschen in Berlin herangehen.

Ich habe seitdem zwei Freundinnen dazugewonnen, die ich immer nur beim Sport sehe, weil das unser gemeinsames Interesse ist. Ein anderer Freund von mir ist ein genauso großer Film-Fan wie ich. Ihn sehe ich eigentlich fast nur im Kino, und wir laufen danach gemütlich um den Block, futtern die Reste unserer Nachos und analysieren Handlungsstränge, Kostümdesign und Schauspielleistungen. Ich habe Freundinnen, mit denen ich besonders gut zusammenarbeiten kann, einen Freund, mit dem ich alle paar Monate mal einen Kaffee trinken gehe, um über Gott und die Welt zu quatschen, und wenn ich gern feiern gehen würde, dann gäbe es in meinem Umfeld auch ein paar Leute, bei denen ich weiß, dass sie tolle Partyfreunde wären.

Freund*innen für bestimmte Anlässe sind eine tolle Sache. Man bekommt durch sie viele spannende Einblicke, und sie haben dafür gesorgt, dass diese riesige Stadt mir gleich viel gemütlicher und übersichtlicher vorkam.

Übung: Freund*innen für jeden Anlass

Wenn ihr möchtet, dann schreibt euch doch auch mal eine Liste eurer Freund*innen für bestimmte Anlässe. Meist sind das mehr Leute, als man denkt, und die Übung hilft sehr gut, wenn man sich gerade einsam fühlt. Außerdem bringt sie Ordnung in das ganze Thema, und falls ihr eine Sache habt, die ihr nicht gern allein unternehmen wollt, ist es oft ganz hilfreich, neben dem engen Kreis auch diese Leute in Betracht zu ziehen. Außerdem hilft eine solche Liste gerade berufstätigen oder einfach generell superbeschäftigten Menschen dabei, in Kontakt mit den jeweiligen Personen zu bleiben. Im stressigen Alltag vergessen wir unsere Freund*innen nämlich auch gern mal, ohne es böse zu meinen. Vor allem diejenigen, die wir nicht regelmäßig treffen. Zu sehen, welche Dinge man mit welcher Person gemeinsam unternehmen könnte, ist dann auch eine gute Erinnerung daran, vielleicht mal wieder einen gemeinsamen Termin für genau diese Sache auszumachen.

Wie man sich von Freund*innen trennt

Als ich mich dazu entschieden hatte, mich von der »Ich lache über deine Sorgen«-Freundin und dem »Ich lästere über alles und jeden«-Freund zu trennen, stellte sich natürlich die Frage, wie genau ich das denn am besten anstellen sollte. Das Ende einer Freundschaft fühlt sich für mich irgendwie immer sehr ähnlich an wie das Ende einer Beziehung. Schließlich geht es ja auch um jemanden, der mir einmal sehr wichtig gewesen ist und mit dem ich viele gemeinsame Erinnerungen teile. Für Beziehungen gibt es irgendwie superviele Regeln, wie man sie zu beenden habe und was absolute No-Gos seien. Bei Freundschaften ist das nicht so, aber im Prinzip unterscheiden sich die beiden ja eigentlich nicht so stark voneinander. Okay, bei Freundschaften gibt es vielleicht weniger »Sorry, es ist aus«-WhatsApp-Nachrichten. Da ist die Taktik dann eher, sich immer seltener beieinander zu melden, bis der Kontakt irgendwann komplett abbricht. In der Vergangenheit habe ich auch schon mehrfach das Gefühl gehabt, dass das ein guter Weg sei, und mich dafür entschieden. Das waren dann vor allem Situationen, in denen ich wusste, dass ein Gespräch mit der Person nur dazu führen würde, dass ich mich breitquatschen ließ und wir doch wieder mehr Zeit miteinander verbrachten. Das Risiko war dieses Mal natürlich auch gegeben, doch ich wollte mutiger sein und über die Dinge sprechen, die mich störten. Vielleicht würde ich es dadurch sogar schaffen, die Situation halbwegs harmonisch verlassen zu können. Nicht sonderlich wahrscheinlich, wenn ich den beiden gerade vor den Latz geknallt hatte, dass ich sie nie wiedersehen wollte, aber einen Versuch war es wert. Ich entschied mich dazu, mit der Freundin anzufangen. Wie gewöhnlich hörte ich mir erst einmal gute zwei Stunden lang ihre Sorgen und Probleme an, bevor ich auch einmal etwas sagen durfte. Ich erklärte ihr dann möglichst ruhig und voller Ich-Botschaften, wie ich mich mit unserer Freundschaft fühlte. Bereits nach drei Sätzen begann sie, mich mit Vorwürfen zu überhäufen, und hatte kein Ohr mehr für das, was ich ihr eigentlich sagen wollte. Da waren nur noch sie, ihr verletztes Ego und das Unverständnis darüber, wie es denn sein konnte, dass sie mit einer so schlimmen Person wie mir gestraft war. Okay, bye. Ich hatte mein Bestes gegeben, aber aus diesem Gespräch wollte einfach kein freundliches »Jede geht ihrer Wege« werden. Da konnte ich mich wohl schon mal auf eine ordentliche Portion Gerüchte über mich sowie auf subtile Social-Media-Posts über meinen unzuverlässigen, wankelmütigen und ganz und gar furchtbaren Charakter freuen. Trotz dieser Aussicht war ich erleichtert und fühlte mich, als wäre mir nicht nur ein Stein, sondern ein ganzes Gebirge vom Herzen gefallen. Das Gespräch hatte mir wirklich dabei geholfen, mit der Sache abzuschließen. Ansonsten war ich so eine Kandidatin, die derartige Dinge gern einmal in sich hineinfraß und sich noch ewig lang damit beschäftigte, was ich der jeweiligen Person denn am liebsten gesagt hätte. Es auszusprechen half mir dabei, den ganzen Kram aus meinem Kopf zu bekommen und dort Platz für Menschen zu schaffen, die besser zu mir passten.

Der Freund, mit dem ich ein ähnliches Gespräch führte, reagierte übrigens deutlich verständnisvoller. Er betonte mehrfach, dass ihm sein Verhalten gar nicht so bewusst gewesen war und dass er gut nachvollziehen konnte, dass ich auf Abstand gehen wollte. Dennoch würde er versuchen, sich zu bessern, und hoffte, vielleicht in Zukunft noch mal eine Chance zu bekommen. Ich antwortete darauf, dass ich es mir überlegen würde, und meinte es auch so.

Kommen wir zum nächsten Schritt des Schlussmachens: dem Liebeskummer. Der ist auch bei Freundschaften ganz normal. Schließlich hat man gerade jemanden verloren, und selbst wenn es in letzter Zeit nicht so gut lief, tut das weh und es braucht Zeit, bis man sich besser fühlt. Ich finde es wichtig, sich diese Zeit auch zu nehmen und sich nicht einzureden, man hätte gerade nicht das Recht dazu, traurig zu sein. Nach dem Ende einer Freundschaft ist es mir immer wichtig, auch die positiven Seiten einer Person in Erinnerung zu behalten. Das ist nicht immer leicht, denn es gab ja einen Grund dafür, dass die Freundschaft auseinandergegangen ist, und der lässt sich nicht mal eben so ignorieren. Mit einem gewissen Abstand dazu, der manchmal auch ein paar Jahre dauern kann, funktioniert das dann aber doch häufig. Sobald dieser Punkt erreicht ist, schreibe ich mir gern die schönen Momente auf, die ich mit der Person zusammen erlebt habe. Nicht, um mich dadurch dazu verleiten zu lassen, die Freundschaft doch wieder aufzunehmen, sondern weil auch das mir dabei hilft, das Thema auf positive Art und Weise aus meinem System zu bekommen.

In der Schulzeit hatte ich beispielsweise eine Freundin, mit der ich sehr viel gemeinsam gelacht habe. Sie hatte eine tolle Beobachtungsgabe und immer irgendeine neue verrückte Idee, wie wir uns in der Schule die Langeweile vertreiben konnten. Eines Tages veranstalteten wir sogar zusammen in der Pause eine hochdramatische Hochzeit zwischen zwei Kuscheltieren. Mit einem Taschentuch als Schleier, einer Brotbox als Traualtar und der halben Klasse als Hochzeitsgesellschaft, die dann im Namen der Kuscheltiere die Ehegelübde vorlas und Gummibärchen-Ringe auf einem Federmäppchen-Kissen den Gang entlang trug. Irgendwann ging die Freundschaft dann aber in die Brüche, und der Tag der Kuscheltier-Hochzeit ging zwischen all den negativen Dingen unter, die ich mit dieser Freundin verband. Inzwischen ist das alles viele Jahre her, mein Ärger darüber ist verflogen, und ich erinnere mich gern auch an all die schönen Momente zurück, die wir zusammen erlebt haben.

Übung: Verlorene Freundschaften

Vielleicht hilft diese Methode ja auch euch dabei, mit Dingen und Menschen abzuschließen, die ihr in eurem Unterbewusstsein negativ abgespeichert habt und die euch belasten. Eine Liste verlorener Freundschaften und guter Erinnerungen zu schreiben, die ihr trotzdem gern behalten möchtet, macht ihr nicht für sie, sondern nur für euch selbst und für euren Kopf.

Neue Freund*innen finden

In meinem Leben gab es bis jetzt zwei große Neuanfänge: meinen Umzug von Bayern nach NRW für mein Studium und den Umzug von Köln nach Berlin für meinen Job. Beides waren Situationen, in denen ich mich plötzlich in einer neuen Stadt wiederfand, in der ich absolut niemanden kannte. Ich hatte jedes Mal eine Heidenangst, keine neuen Freund*innen zu finden, auch wenn gerade zum Start des ersten Semesters die Bedingungen dafür eigentlich optimal waren. Meine Sorgen stellten sich auch direkt schon am Tag meines Umzugs als unbegründet heraus, als mein neuer Nachbar im Wohnheim und ich bemerkten, dass wir dasselbe Fach gewählt hatten. Ich musste also nicht einmal allein zur Einführungswoche für Erstis gehen, denn wir stellten uns dieser Situation gemeinsam. Ich war ganz schön aufgeregt, als ich am Montagmorgen vor seiner Tür stand und klopfte. Gleich würden wir lauter neue Menschen treffen und vermutlich einen Haufen Alkohol angeboten bekommen. Wenn ich es richtig verstanden hatte, bestand die Ersti-Woche nämlich neben einigen Informationsveranstaltungen hauptsächlich aus Kennenlernspielen, die alle irgendwas mit Shots zu tun hatten. Ich trank zu dem Zeitpunkt bereits seit fast zwei Jahren keinen Alkohol mehr, was mir zu Hause in Bayern zahlreiche dumme Sprüche eingebracht hatte. Ich machte mir also Sorgen, auch hier deswegen ausgeschlossen zu werden. Doch statt das Ganze zu kommentieren, schüttete mir der Spielleiter einfach Cola statt Pfeffi in mein Shotglas, und damit hatte sich die Sache erledigt.

In den nächsten Wochen fand ich problemlos einen Kreis an Leuten, die ich sympathisch fand. Unsere Gespräche begannen meist mit Fragen wie »Hey, ist der Platz neben dir noch frei?« oder mit »Hast du verstanden, wie das mit den Prüfungsanmeldungen funktionieren soll?«, woraus dann ein »Gehst du auch gleich zum Mittagessen in die Mensa?« wurde. Andere Leute lernte ich kennen, weil wir zusammen in Referatsgruppen eingeteilt wurden und wir nach den Vorbereitungstreffen beschlossen, noch spontan zusammen zum Grillen an den Rhein zu gehen. Woche für Woche wurden es mehr bekannte Gesichter in meinen Kursen, und irgendwann landete ich dann in einer Lerngruppe mit Max und zwei anderen tollen Menschen, mit denen ich nun bereits feierlich unser fünftes Freundschaftsjahr begehe. Bestimmt hängt, wenn dieses Buch rauskommt, auch schon ein Foto von uns an meiner Wand, auf dem wir zusammen unsere Uniabschlusshüte in die Luft werfen. Wenn ich das nur oft genug erwähne, dann wird das bestimmt auch endlich was mit der Bachelorarbeit.

Meine tolle Unizeit, in der es mir so leicht und unverkrampft gelang, neue Kontakte zu knüpfen, gab mir Hoffnung für den Umzug nach Berlin. Jedoch sah die Situation da komplett anders aus. Es wartete keine Ersti-Woche auf mich und keine Situation, in der alle neu waren und sich über ein nettes Gespräch freuten. Berlin war es völlig egal, dass ich nun da war, also musste ich selbst zusehen, wo ich blieb. Zum Glück wohnte ich am Anfang in einer WG. Das machte es schon mal sehr viel leichter. Sobald ich mich dort dann ein bisschen eingelebt hatte, machte ich mich auf die Suche nach den Leuten, die ich hier kannte. Enge Freund*innen hatte ich in Berlin nicht, aber es gab ein paar ganz gute Bekannte, die nun überraschend Facebook-Nachrichten von mir bekamen. »Hey, ich wohne jetzt auch in Berlin. Hättest du Lust, mal einen Kaffee trinken zu gehen?« Ich hasse Kaffee bis heute, daher wurde es bei mir in Wahrheit meist ein äußerst erwachsener KiBa. Doch die Gespräche, die daraus entstanden, waren schön.

Der Erste, mit dem ich mich traf, war ein alter Bekannter von mir, den ich früher jedes Jahr zu einem Event getroffen, aber schon länger nicht mehr gesehen hatte. Es stellte sich heraus, dass auch er inzwischen in der Medienbranche arbeitete und wir einige gemeinsame Bekannte hatten. Nach einigen »Ach-die-wohnen-auch-in-Berlin?«-Sätzen hatte ich dann meine nächsten Ansatzpunkte.

Wie es nun mal so ist im Leben, entstand natürlich nicht aus jedem Kaffee/KiBa-Treffen eine superenge Freundschaft. Ich lernte, dass das ganze Thema für Erwachsene definitiv komplizierter war als für Kinder. Vor allem dann, wenn alle anderen bereits gemütlich in ihrem sozialen Netz saßen, war das Freundschaftenknüpfen mit ganz schön viel Aufwand verbunden und ehrlicherweise auch mit dem einen oder anderen traurigen Telefonat in die alte Heimat. Ich fragte mich immer wieder, ob dieser Umzug wirklich die richtige Entscheidung gewesen war. Doch ich mochte meinen neuen Job, und dass ich auch immer wieder Besuch von meinen Leuten aus NRW bekam, machte die ganze Sache einfacher. Irgendwie hatte immer jemand einen Termin hier und brauchte eine Übernachtungsmöglichkeit oder wollte einfach mal ein paar Tage Urlaub in der Hauptstadt machen.

Nach inzwischen zwei Jahren würde ich sagen, dass ich hier gut angekommen bin, und ich hoffe, dass ich auch noch einige Jahre in Berlin bleiben werde. So schnell hab ich nämlich definitiv keinen Bock mehr auf den ganzen Freundschaftsstress.

GASTBEITRAG VON
JANA KASPAR/JANAKLAR: SELFCARE

Her mit dem Mikro, jetzt ist mein Moment, zu scheinen! Okay, nein. Ich weiß schon, jetzt ist es angebracht, sich bei Lisa zu bedanken, dass ich hier auch ein bisschen meinen Senf zum Thema Selfcare rauslassen darf. Ich finde es wirklich hammer, dass sie sich so einem wichtigen Thema widmet, und ich bin sicher, dass ihr den Kauf des Buches bis jetzt noch nicht bereut habt. Bis jetzt. Denn die kommenden Seiten sind von mir. Haha, Spaß. Merkt man, dass ich noch nie ein Buch geschrieben habe? NEVER! Ich schaue die Videos von Lisa auf jeden Fall schon länger, als ich selbst welche produziere. Das heißt, sie gehört schon sehr lange zu den Menschen in meinem Leben, die mich geprägt und inspiriert haben, und ich freue mich riesig, dass Lisa mich gefragt hat, ob ich auch was schreiben möchte. Doch wer bin ich überhaupt, und wie komme ich dazu, euch Tipps zu geben? Beruflich mache ich seit ungefähr fünf Jahren Videos auf YouTube und teile meine Meinung zu vielen Dingen auch auf Plattformen wie Instagram oder als Podcast auf Spotify. Vor drei Jahren habe ich mich dann entschlossen, mein Medientechnik- und Designstudium sowie das Filmproduktionsstudium abzubrechen, um mich mit dem ganzen Bums selbstständig zu machen. Jetzt berichte ich über Dinge wie Veganismus, Nachhaltigkeit, Mindfulness, Self-Growth und viele andere Dinge, die mich im Alltag beschäftigen. Selfcare ist definitiv auch ein Thema, mit dem ich mich schon lange auseinandersetze. Für mich ist Selfcare nämlich viel mehr, als sich ab und zu ein Bad und eine Gesichtsmaske zu gönnen. Es ist für mich eine Lebenseinstellung, und vor allem war es für mich eine große Lebensumstellung.

Damit ihr euch ein wenig besser in mich hineinversetzen könnt: Ich bin vom Sternzeichen Krebs. Keine Ahnung, ob ihr an so was glaubt, aber das, was über Krebse gesagt wird, stimmt zumindest bei mir auf den Punkt genau. Lebensmotto: Ich fühle! Launenhaft, übersensibel, mitfühlend, empfindsam, intuitiv, fürsorglich, das sind nur ein paar der Adjektive, die man im Internet findet, wenn man mein Sternzeichen eingibt. Diese Auflistungen sind immer so gruselig genau auf mich zugeschnitten, dass es mir fast ein bisschen Angst macht. Ach ja, da fehlt noch paranoid bei der Aufzählung. Ich habe schon immer einfach das gemacht, wozu ich gerade Lust hatte, ohne mir groß einen Kopf zu machen. Das ist wahrscheinlich auch der Grund, warum ich meinen YouTube-Kanal gegründet habe. Die Leute fanden meine Videos schon lustig, als ich eigentlich ernst sein wollte, weshalb ich mich dann entschieden habe, mit lustigen Videos zu unterhalten. Mit Knüllern wie »Österreichisch für Anfänger« oder » Wie viel Wassermelone kann ein Mensch essen?« habe ich das Internet erobert.

Ich hatte so viel Spaß an meiner Arbeit, dass ich vergessen hatte, Pausen einzulegen. Nächtelang habe ich Konzepte ausgearbeitet, verschiedene Szenen aufgenommen, mir Scherze ausgedacht, und so kam der Erfolg. Nach außen hin hatte ich alles, was man brauchte, um ein erfülltes und glückliches Leben zu führen. Ich hatte mein Hobby mit 21 Jahren zum Beruf gemacht, wohnte in einer tollen Wohnung, in der laut Economist-Ranking lebenswertesten Stadt der Welt, bin um die Welt gereist und hatte damit auch noch – ohne flexen zu wollen – recht gut verdient. Irgendwann, nach zwei Jahren, kam dann der Zusammenbruch. Ich hatte meinem Körper nicht zugehört und somit übersehen, dass er überfordert war. Jeder Tag kam mir vor, als würde er einfach an mir vorbeiziehen, ohne die Dinge, die passierten, noch richtig mitzubekommen. Der heutige Mensch würde das wohl Burnout nennen. Ich begann dann, verschiedenste Dinge auszuprobieren, um das Loch, das ich so tief in mir verspürte, zu füllen. Mehrmals die Woche auf Partys gehen, um mit Alkohol dafür zu sorgen, mal alles zu vergessen. Mit dem Geld, das ich mir erarbeitet hatte, habe ich angefangen, mir Unmengen an Kleidung, Make-up, Elektronik oder andere materielle Dinge zu kaufen, um mir »was Gutes zu tun«. Dreimal dürft ihr raten, ob das Loch in mir dadurch weggegangen ist. NOPE! Ohne zu wissen, was überhaupt mein Problem ist, habe ich nächtelang geweint. Leider war ich in dem Moment zu stolz, um mir Hilfe von außen zu holen. Ich habe nie wirklich mit jemandem darüber gesprochen. Zum Glück hatte ich immer schon einen eisernen Willen und hatte stark im Fokus, etwas zu verändern. Ich habe mir meine Hilfe an einem Ort gesucht, an dem ich so oder so schon recht viel Zeit verbrachte: im Internet. Von dem einen auf den anderen Tag habe ich mein komplettes Konsumverhalten auf den Kopf gestellt. Online und offline. Ich habe begonnen, mir Online-Mentoren zu suchen, Bücher zum Thema Mentaltraining zu lesen, meine gesamte Wohnung auszumisten und bewusster einzukaufen. Im Großen und Ganzen habe ich begonnen, die Signale meines Körpers zu spüren und zu verstehen. Versteht mich nicht falsch. Wenn ihr mal an einem Punkt seid, an dem ihr euch hilflos fühlt, ist es auf jeden Fall klug, sich Hilfe zu suchen. Ob in Form einer Therapie oder eines Gesprächs mit einer Vertrauensperson, Hilfe von außen kann Wunder bewirken. Was ihr aber im Alltag machen könnt, um so eine Situation erst gar nicht entstehen zu lassen oder Situationen, die euch ausweglos vorkommen, zu verändern, möchte ich euch jetzt zeigen. Ich bin keine Psychologin und habe auch keine Ausbildung in diese Richtung, aber ich habe diese Dinge für mich entdeckt und praktiziere sie jetzt täglich.

❶ Dankbarkeit

Genau wie alle anderen Punkte, die ich euch hier mitgeben werde, ist auch gleich der erste kostenlos. Dankbarkeit ist etwas, dass ihr immer mit euch tragen könnt und das die Sicht auf viele Dinge in Sekundenschnelle verändern kann. Dazu möchte ich euch ein kleines Beispiel aus meinem Alltag geben. Vor kurzem hatte ich den Fall, dass ausgerechnet an einem Tag in einer recht vollgeplanten Woche meine Spülmaschine ohne Vorwarnung den Geist aufgab. Man weiß, was das bedeutet. Wochenlanges Warten auf die Reparatur und das Geschirr händisch abwaschen. Ich hätte mich in dieser Situation grün und blau ärgern können. Das hätte sie aber tatsächlich wohl kaum ins Positive verändert. Stattdessen habe ich einmal tief durchgeatmet und mich daran erinnert, wofür ich jetzt

> dankbar sein kann:
> - Ich bin dankbar, dass ich überhaupt einen Geschirrspüler besitze.
> - Ich bin dankbar, dass es einen Menschen gibt, der mir helfen wird, das Ding wieder zum Laufen zu bringen.
> - Ich bin dankbar, dass ich in einem Land lebe, in dem es sauberes Wasser gibt, mit dem ich meine Teller abwaschen kann.

Und auch wenn sich der letzte Punkt für den einen oder anderen übertrieben anhören mag, ist es immer wieder gut, sich daran zu erinnern, dass manche Dinge gar nicht so selbstverständlich sind und manche Probleme, die zunächst recht groß wirken, möglicherweise überhaupt nicht so wichtig sind.

❷ Kontakt

Mit Kontakt meine ich so vieles. Den Kontakt zu dir selbst, zu dem, was du isst, und zu allem, was dich umgibt. Als großen Punkt möchte ich hier aber auf den Kontakt mit unseren Mitmenschen eingehen. Der Mensch ist, ganz stumpf gesagt, ein Rudeltier, das sich der Gruppe anpassen möchte. Wer in der Steinzeit von der Gruppe ausgegrenzt wurde, konnte nicht allein überleben. Wir alle haben ein unendliches Verlangen nach Zuneigung, Liebe und Zugehörigkeit. Das ist sogar das Ziel, welches uns alle miteinander verbindet. Wusstet ihr zum Beispiel, dass der Körper bei einer innigen Umarmung das Hormon Oxytocin ausschüttet, welches gegen Stress wirkt? Dabei sinkt der Blutdruck und das Stresshormon Cortisol wird vermindert. Es ist also eines der wichtigsten Dinge für unsere Gesundheit, unsere Kontakte zu pflegen und uns gegenseitig zu zeigen, wie sehr wir uns schätzen. Seiner Mama mal nicht nur Blumen zu schenken, sondern ihr auch noch mit ernstem Interesse zuzuhören oder einer Freundin bei etwas zu helfen, wo sie dich gut brauchen kann, ist also eigentlich gar nicht so uneigennützig.

③ Lernen

Was bei mir auch einen großen Unterschied gemacht hat, war zu erkennen, dass es so etwas wie Scheitern nicht gibt. Wenn mal was nicht klappt, ist das lediglich eine Chance zur Verbesserung. Das ganze Leben ist ein großer Lernprozess, und egal, wie viel du schon weißt, du lernst niemals aus. Wenn ich einen sogenannten »Fehler« mache, versuche ich, mich dafür nicht fertigzumachen, sondern ich nehme die Challenge an, daraus zu lernen und es beim nächsten Mal anders zu machen. Ich bin also sozusagen dankbar für den »Fehler«, weil ich ohne ihn nichts gelernt hätte.

④ Atmung

Die Atmung zu kontrollieren, ist für mich so etwas wie Yoga für Faule. Oder der Einstieg zur Meditation. Es gibt verschiedene Atemübungen, die Verschiedenes bewirken, aber ich möchte euch hier meine liebste erklären. Ich wende sie an, wenn ich mich gestresst oder überfordert fühle. Dann, wenn ich denke, dass ich nicht mehr Frau der Lage bin. Ich nenne diese Übung gerne Quadratatmung. Ihr könnt euch dazu bequem hinsetzen und die Augen schließen. Legt die Hand auf euren Bauch. Atmet tief ein und zählt dabei bis VIER. Haltet die Luft VIER Sekunden an und atmet dann durch die Nase VIER Sekunden aus.

Haltet hier wieder VIER Sekunden die Luft an. Den ganzen Durchlauf wiederholt ihr VIER Mal. Ihr werdet sehen, dass ihr wieder im Moment ankommt. Für mich ist das, als ob ich die Möglichkeit hätte, mitten am Tag kurz die Resettaste zu drücken und frisch zu starten.

5) Tanzen

Und zu guter Letzt möchte ich euch noch empfehlen, Tanzen in eure Selfcare-Routine aufzunehmen. Hört sich jetzt blöd an, aber probiert einfach mal, wenn ihr ungestört seid, eure Lieblingsmusik anzumachen und hardcore abzupacken. Dass Bewegung dem Körper guttut, wissen wir alle, und auch, dass Musik in uns etwas bewirkt, ist kein Geheimnis. Eine Kombination aus beidem wirkt wahre Wunder. Egal, wie schlecht ich drauf bin, nachdem ich so getanzt habe, als könnte ich shuffeln, Cutting Shapes und twerken gleichzeitig, geht es mir immer besser. Dance like everyone is watching!

Jana Kaspar, online auch als JANAklar bekannt, ist eine österreichische Content-Creatorin. Am liebsten beschäftigt sie sich mit den Themen Minimalismus, Selbstoptimierung und Aktivismus. Sie liebt es, durch die Welt zu tanzen und andere dabei anzustecken.

YouTube: JANAklar
Instagram: @janaklar

MENTAL HEALTH

SOZIALE ANGST

Dass ich, als ich neu in Berlin war, einfach so Nachrichten an alte Bekannte schickte, war für mich keine Selbstverständlichkeit. Auch gemütlich in einem Café zu sitzen, hätte ein paar Jahre zuvor noch ein großes Problem dargestellt, und das lag an der wundervollen Sache, die ich ganz am Anfang des Buchs schon mal angesprochen habe: Soziale Angst. Wenn wir hier schon über mentale Gesundheit sprechen, darf dieses Thema natürlich nicht fehlen, denn irgendwie ist es ja auch die Vorgeschichte des gestrandeten Wals.

Ausführlicher habe ich darüber auch schon in meinem Buch »Wie ich aufhörte, perfekt sein zu wollen« gesprochen, deswegen fasse ich mich hier mal ein bisschen kürzer. Das Ding ist nämlich dreihundert Seiten lang, und wir haben ja alle nicht bis nächstes Jahr Zeit.

Für diejenigen unter euch, die noch nie mit dem Thema Soziale Angst in Berührung gekommen sind, habe ich hier ein paar Beispielsituationen, die bei mir in meiner Schulzeit für Unsicherheit, schwitzige Hände, ein flaues Gefühl im Magen oder schlichtweg für Panikattacken gesorgt haben: Wenn irgendwo eine Anwesenheitsliste vorgelesen wurde, wartete ich früher wahnsinnig angespannt darauf, dass mein Name genannt wurde. Genauso war es, wenn ich in Vorstellungsrunden an der Reihe war. In solchen Situationen übte ich im Kopf dann wieder und wieder meine unfassbar komplexen Antworten: »Hier!« beziehungsweise »Ich heiße Lisa«. Wenn in der Klasse ein längerer Text vorgelesen werden sollte und dafür Abschnitt für Abschnitt durch die Bänke gegangen wurde, zählte ich hektisch durch, wie viele Leute vor mir dran waren und suchte dann im Buch nach meinem Abschnitt, um ihn schon mal im Kopf üben zu können. Kurz bevor ich dran war, hätte ich dann am liebsten den Raum verlassen und hatte jedes Mal panische Angst davor, dass ich mich verlesen könnte. Dabei war ich in der sechsten Klasse Schulsiegerin im Vorlesewettbewerb gewesen, was ja eigentlich dafür sprach, dass ich das Ganze halbwegs draufhatte. In dem Moment waren mir solche rationalen Argumente aber völlig egal. Die Leute vor mir abgezählt habe ich übrigens nicht nur in der Schule, sondern auch im Supermarkt. Standen da so viele Leute in der Kassenschlange, dass ich, wenn ich mich jetzt hinten anstellte, noch genug Zeit hatte, mein Geld passend herauszusuchen? Hätte ich jetzt noch fünfzig Wassermelonen im Einkaufswagen gehabt, hätte das ein perfektes Mathebuchszenario ergeben. Der Gedanke, beim Bezahlen zu lang zu brauchen oder meine Sachen nicht schnell genug in meinen mitgebrachten Jutebeutel stopfen zu können, löste bei mir jedenfalls Schweißausbrüche aus. Ich hasse es, Bananen zu kaufen, weil die blöden Dinger sich regelmäßig in den Trägern des Beutels verhakten und die Kassiererin dann immer schon das Geld haben wollte, obwohl ich noch damit beschäftigt war, das ganze Chaos zu entwirren. Wann immer es die Möglichkeit gab, nutzte ich also Selbstbedienungskassen, und selbst da hatte ich noch das Gefühl, die wartenden Leute würden mir mit ihren genervten Blicken Löcher in den Hinterkopf starren. Im Restaurant hätte ich mich damals garantiert nicht beschwert, wenn mein Essen zu doll gewürzt oder kalt gewesen wäre. Ich lief auf dem Gehweg im Schneckentempo hinter Leuten her, weil ich mich nicht traute, sie zu überholen, und ich wagte es in der Schule und sogar in der Anfangszeit an der Uni nicht, eine Klausur abzugeben, wenn ich fertig war. Ich wollte nicht vor allen anderen aufstehen und nach vorn gehen, und wenn ich noch dazu die Erste war, die abgab, würden mich die anderen ganz sicher hassen. Sobald die erste Person abgegeben und das Klassenzimmer bzw. den Hörsaal verlassen hatte, durfte nämlich niemand mehr aufs Klo gehen.

Soziale Angst zu haben bedeutete für mich, ständig das Gefühl zu haben, dass mich alle beobachteten. Ich machte mir permanent Gedanken darüber, ob die Art, wie ich ging, eigentlich seltsam war, und hatte die meist völlig grundlose Befürchtung, dass ich stolpern und hinfallen könnte. Ich hatte das Gefühl, dass sich bestimmt alle hinter meinem Rücken über mich lustig machten. Telefonieren war die absolute Hölle für mich, was mir bei einem Praktikum mal die Ansage einbrachte, dass so garantiert nie etwas aus mir werden würde und ich meinen Traum, Journalistin zu werden, direkt an den Nagel hängen könnte. Zusätzlich zu alledem hatte ich dann auch immer noch die Sorge, dass meine Angst fehlinterpretiert und von anderen als Arroganz wahrgenommen werden könnte.

Mein Kopf und ich waren also schon immer ein ganz schön anstrengendes Duo. Weil wir hier aber ja lösungsorientiert unterwegs sind, möchte ich euch gern erzählen, wie ich diesen ganzen Mist besiegt habe. Dabei ist ganz wichtig dazuzusagen, dass das gerade meine ganz individuellen Äußerungen von Sozialer Angst waren und die Herangehensweise, mit ihnen umzugehen, eine ebenso individuelle Sache ist. Vielleicht ist ja der eine oder andere interessante Punkt für euch dabei, aber behaltet dabei bitte im Kopf, dass wir alle verschieden sind und diese Dinge deswegen nicht zwangsweise für alle Menschen, die von einer Angststörung betroffen sind, funktionieren. Ich möchte euch hiermit also nicht den goldenen 5-Punkte-Lösungsplan (für nur 999,99 €!) auftischen, sondern euch hauptsächlich dazu motivieren, euch mit der ganzen Sache auseinanderzusetzen. Vielleicht seid ja auch nicht ihr selbst, sondern eine Freundin oder ein Freund von euch betroffen.

So oder so hilft es, darüber zu reden und sich Hilfe von jemandem zu holen, der oder die sich wirklich gut mit dem Thema auskennt. Das habe ich auch getan und deswegen für anderthalb Jahre eine Gesprächstherapie besucht. In meinem damaligen Umfeld war das noch sehr stark stigmatisiert, weswegen ich schnell als »die Gestörte« bezeichnet wurde. Ich hoffe sehr, dass sich das inzwischen gebessert hat oder ihr einfach Menschen um euch habt, die da ein bisschen klarer und vernünftiger denken. Solche Sprüche sind einfach nur lächerlich und zeugen davon, dass der Horizont der entsprechenden Person nicht sonderlich viel weiter geht als von der Wand zur Tapete. Leider sorgen sie dafür, dass viele Leute sich nicht mehr trauen, um Hilfe zu bitten, weil sie Angst vor derartigen Reaktionen haben. Eine Gesprächstherapie selbst ist nichts, wovor ihr Angst haben müsst. Wie der Name schon sagt, bedeutet sie nur, dass man sich mit einem/einer Therapeut*in zusammensetzt und sich unterhält. Da gibt es dann auch keine klischeehafte Ledercouch, auf die man sich legen muss, sondern man sitzt einander einfach in zwei gemütlichen Sesseln gegenüber.

Ich habe meiner Therapeutin damals meine Situation geschildert, und wir haben zusammen daran gearbeitet, dass es mir besser ging. Zu dem Zeitpunkt, als ich die Therapie begonnen habe, war ich fünfzehn Jahre alt. Meine Panikattacken waren damals so stark geworden, dass ich fast nicht mehr das Haus verlassen konnte. Ich konnte nicht zum Abschlussball meines Tanzkurses gehen, konnte mich nur noch selten mit meinen Freundinnen treffen und verbrachte viel zu viel Zeit damit, mich in Schultoiletten zu verstecken. Ich wurde eine Meisterin darin, Ausreden zu erfinden, und statt irgendjemandem zu erzählen, was wirklich los war, fand ich immer einen guten Grund dafür, nicht zu Geburtstagen zu gehen und gemeinsame Nachmittage am See sausen zu lassen.

Meine Therapeutin schlug mir damals vor, doch erst mal kleine Schritte zu gehen. Der Universaltipp für einen guten Umgang mit meinem Kopf. Ich sollte versuchen, mich seltener durch Entschuldigungen und Ausreden aus Situationen herauszuwinden, die in mir Panik erzeugten. Wir überlegten uns also, welcher Punkt auf der Liste meiner abgesagten Dinge mir am wenigsten Angst machte. Es war ein Treffen mit einer Freundin, die mich ein paar Tage zuvor zu einer kleinen Fahrradtour am Fluss entlang eingeladen hatte. Ich meldete mich also bei ihr, und wir starteten einen zweiten Versuch. Ich hatte ein kleines Notfallpaket gegen eventuell aufsteigende Panik dabei: eine Wasserflasche, Traubenzucker und Taschentücher. Auch wenn ich die ganze Zeit über angespannt war, ging der kleine Ausflug gut. Das klingt zwar nur nach einem winzigen Erfolg, doch meine Therapeutin und ich feierten ihn, als hätte ich gerade als erster Mensch den Mars betreten. Nicht gleich zu viel zu erwarten und sich über jeden Schritt zu freuen, ist auf jeden Fall eine Sache, die ich euch sehr empfehlen kann. Genau wie zwischendurch auch mal über sich selbst zu lachen und nicht komplett im Drama des Ganzen zu versinken.

Manchmal fiel es mir damals sehr schwer, mir vorzustellen, dass ich jemals wieder aus dieser Situation herauskommen würde, und eine ordentliche Portion Selbstironie tat da wahnsinnig gut. Nach der Fahrradtour wurden die Situationen, mit denen ich mich auseinandersetzte, dann immer größer und schwieriger. Meine Therapeutin und ich überlegten uns zuvor jedes Mal, was mir denn im schlimmsten Fall passieren könnte und wie ich damit umgehen würde. In den meisten Fällen lief alles natürlich deutlich weniger dramatisch ab als in meinen gedanklichen Worst-Case-Szenarien. Die Regisseurin in meinem Kopf war davon wirklich enttäuscht, ich hingegen war einfach nur erleichtert. Selbst wenn dann doch mal etwas schieflief, wusste ich immer, dass es maximal ein paar Tage dauern würde, bis ich mit meiner Therapeutin darüber sprechen konnte. Ich wusste, dass ich nicht allein war, dass sie mich und meine Sorgen ernst nahm, und vor allem, dass sie sich nicht über meine Ängste lustig machte, egal wie irrational und albern sie bestimmt manchmal klangen. Sie setzte mich nie unter Druck, wir arbeiteten uns ganz langsam vor, und kurz nach meinem sechzehnten Geburtstag traute ich mich dann sogar, mit meinen Freundinnen in den Club zu gehen.

Dieser Abend hatte das Potential dazu, mein persönlicher Endgegner zu werden. Ab dem Moment, in dem wir das Gebäude betraten, war mir alles viel zu laut und zu voll. Ich wurde ständig ungefragt von irgendwelchen Menschen angefasst, jemand schüttete mir Bier über die Schuhe, und dieses Gesamtpaket entsprach ganz klar nicht meiner Vorstellung einer schönen gemeinsamen Zeit mit meinen Freundinnen. Doch auch wenn es furchtbar gewesen war, hatte ich es zumindest probiert, und das zählte.

Der wahre Endgegner kam dann ein paar Monate später auf mich zu. Ich packte gerade nach einer Englischstunde meine Sachen zusammen, als unsere Lehrerin verkündete, dass es in diesem Jahr ein Austauschprogramm mit einer Schule in Indien geben sollte. Alle Schülerinnen (ich war an einer Mädchenschule), die daran teilnahmen, würden zwei Wochen dort verbringen. Ich lachte innerlich, als ich das hörte. Ja, es klang natürlich total spannend, und ich würde wahnsinnig gern in einer Gastfamilie leben und mir ansehen, wie es war, in Indien zur Schule zu gehen. Doch ich würde es vor lauter Panik bestimmt nicht mal zum Flughafen schaffen.

Als ich meiner Therapeutin von dem Austauschprogramm erzählte, diskutierten wir lang und breit darüber. Ich war hin- und hergerissen, doch weil die positiven Erfahrungen der Monate davor mir so viel Mut gegeben hatten, beschlossen wir, dass es an der Zeit war, so richtig ins kalte Wasser zu springen. Ich saß dann also einige Wochen später tatsächlich mit einer Gruppe Mitschülerinnen im Flugzeug nach Indien. Der Flug selbst machte mich noch ganz schön unruhig, doch sobald wir in Chennai gelandet waren, wurde ich derart von neuen Sinneseindrücken überhäuft, dass mein Kopf schlichtweg vergaß, Panik zu schieben. Da waren so viele Geräusche und Gerüche, alles war so bunt und voller Menschen, dass mein System quasi kapitulierte und einfach mal zuließ, dass ich eine aufregende und gute Zeit hatte. Ich habe diese Reise also als ein wirklich positives Erlebnis in Erinnerung, das nur minimal dadurch getrübt wurde, dass meine indische Gastmutter etwa ab der Hälfte meines Aufenthalts damit begann, meine aufkommenden Wehwehchen, wie etwa eine Erkältung oder einen riesigen Haufen Moskitostiche, mit Tabletten zu behandeln. Die drückte sie mir mehrfach mit dem Satz »Davon kannst du gut schlafen« in die Hand, und ich nahm sie ahnungslos. Gut schlafen konnte ich danach tatsächlich, und zurück in Deutschland entpuppte sich das Zeug dann als Valium.

Bis hierhin denken sich diejenigen unter euch, die mein erstes Buch gelesen haben, vielleicht: »Ja, Lisa, die Geschichte kennen wir schon. Hast du nichts Neues zu bieten?« Doch, das habe ich. In den letzten Jahren hat sich bei diesem Thema nämlich noch mal einiges getan. Bevor wir aber dazu kommen, möchte ich meine Erfahrungen noch mal in sechs Tipps für euch zusammenfassen:

1. Wenn ihr von einer Angststörung oder einer anderen psychischen Erkrankung betroffen seid, holt euch Hilfe. Einmal natürlich in eurem privaten Umfeld, bei Freund*innen und bei eurer Familie. Falls ihr aber merkt, dass das nicht reicht, dann habt keine Angst davor, mit Therapeut*innen zu sprechen. Auch wenn meine Eltern mich damals so gut unterstützt haben, wie sie konnten, hätte ich es ohne meine Therapeutin nicht aus der Sozialen Angst herausgeschafft.

2. Seid geduldig mit euch selbst und setzt euch nicht zu sehr unter Druck. Eine Angststörung lässt sich meist nicht von heute auf morgen heilen, das Ganze braucht Zeit.

3. Setzt euch kleine Ziele, die realistisch und erreichbar sind. Überlegt euch einen Notfallplan für den Fall, dass es euch in der Situation nicht gut geht. Bei mir war beispielsweise an meinem Abend im Club mein Papa im »Bereitschaftsdienst«. Falls es mir nicht gut gegangen wäre, hätte er mich abgeholt und nach Hause gefahren.

4. Seid stolz auf jeden Fortschritt, egal wie klein er auch sein mag, und lasst euch nicht entmutigen, wenn ihr dieselbe Sache vielleicht an einem anderen Tag nicht schafft. Es geht uns eben nicht immer gleich gut, und das ist okay so. Wenn es einmal geklappt hat, dann wird es auch wieder klappen.

5. Gebt den Gedanken, wieder ein »normales Leben« führen zu können, nicht auf. Manchmal braucht es eine Weile, bis man die

richtige Therapieform und die richtige Person, die sie durchführt, gefunden hat. Ich hatte auch erst bei meiner dritten Therapeutin das Gefühl, dass sie gut zu mir gepasst hat und mir wirklich weiterhelfen konnte.

6 Wenn ihr euch bereit dazu fühlt, dann traut euch auch mal, ins kalte Wasser zu springen. Dieser Sprung muss keine Reise nach Indien sein, und ihr solltet euch dabei auch nie mit den Dingen vergleichen, die andere Leute machen. Sucht eine für euch passende Herausforderung und überlegt, wie ihr sie angehen könntet.

WIE ICH HEUTE TROTZ SOZIALER ANGST AUF BÜHNEN STEHEN KANN

Meine Therapie ist inzwischen schon seit sieben Jahren beendet. Irgendwann war damals einfach der Punkt erreicht, an dem ich mich sicher genug fühlte, um wieder auf eigenen Beinen zu stehen. In den Gesprächen mit meiner Therapeutin hatte ich gelernt, dass für mich die Mischung aus kleinen Schritten und regelmäßigen Sprüngen ins kalte Wasser die richtige Taktik war. Das ist übrigens auch heute noch so. Die Panikattacke, die ich vor drei Jahren an dem Abend mit Max beim Italiener hatte, war die letzte ihrer Art. Seitdem ist Ruhe im Karton, was nicht bedeutet, dass es nicht trotzdem noch Situationen gibt, in denen meine Soziale Angst mal wieder kurz zum Vorschein kommt. Da war beispielsweise die Sache mit dem Telefonieren, die wirklich sehr penetrant und nervig war und einfach nicht aus meinem Leben verschwinden wollte. Sie besiegte ich mit Hilfe meines Freundes, der mir immer wieder kleine Aufträge erteilte, wie: »Wenn du willst, dass wir heute Abend was zu essen haben, dann musst du wohl oder übel beim Lieferservice anrufen.« Ich hasste ihn in diesen Momenten ein bisschen dafür, aber weil mein Magen knurrte, setzte ich mich dann doch grummelnd an den Esstisch und schnappte mir Zettel und Stift.

Darauf schrieb ich dann »Guten Tag, Lisa Sophie Laurent hier. Wir würden gern bestellen. Einmal die Nummer 26 und einmal die 74«. Für Leute, die keinerlei Probleme mit dem Telefonieren haben, klingt das ganz schön albern. Doch es hilft gegen Soziale Angst, wenn man etwas hat, woran man sich festhalten kann. Das können auch drei simple kleine Sätze sein. Je häufiger ich zu diesen Anrufen genötigt wurde, desto sicherer wurde ich. Eigentlich stellte die Frau am anderen Ende doch immer dieselben Fragen. Es gab also wirklich keinen Grund, nervös zu sein, und irgendwann hatte ich meine Sätze dann auch so gut drin, dass ich den Zettel nicht mehr brauchte. Für mich war das damals ein ganz schönes Erfolgserlebnis.

Mit der Zeit wurden dann auch andere Anrufe leichter. Inzwischen kann ich mit Zahnarzthelferinnen entspannt über das Wetter plaudern, Mitarbeitern diverser Behörden mit meinen Nachfragen auf die Nerven gehen und meine Steuerberaterin auch noch ein zehntes Mal am Tag anrufen, wenn mich die Finanzbürokratie wieder mal mit ihren Fachbegriffen überfordert. Das alles erzeugt bei mir an schlechten Tagen vielleicht noch ein kleines nervöses Bauchkribbeln, aber das war's dann auch schon. Übung macht wohl tatsächlich die Meisterin.

Durch langsames Herantasten schaffte ich es dann auch, für meinen Job auf Bühnen zu stehen. Ich wurde immer wieder gefragt, ob ich denn nicht mal auf Veranstaltungen über Medienkompetenz oder Politik sprechen könnte und darüber, wie man die beiden Themen jungen Menschen näherbringen kann. Bei der ersten Diskussionsrunde, bei der ich zusagte, saßen ganze zehn Leute vor mir. Das war wirklich überschaubar, und ich war zudem nicht allein dort, denn mir und der anderen Expertin wurden von einer Moderatorin Fragen gestellt. Ich musste also nur darauf antworten, und sie kümmerte sich um alles andere. Dadurch fühlte ich mich gleich viel weniger auf einem Präsentierteller, sondern eher so, als würde ich gerade einfach in einer gemütlichen Gesprächsrunde sitzen. Bei den nächsten Terminen waren es dann dreißig, fünfzig oder hundert Leute im Publikum, und eines Tages fand ich mich dann tatsächlich auf einer großen Konferenz wieder, bei der ich von der Bühne aus in die Gesichter mehrerer tausend Menschen blickte. Natürlich ging mir da gelinde gesagt der Arsch auf Grundeis, doch durch meine Erfahrungen der letzten Vorträge wusste ich, dass ich mich auf meine Kenntnisse und meine gute Vorbereitung verlassen konnte. Bis jetzt war ich noch nie ausgelacht oder mit Tomaten beworfen worden. Warum sollte das also heute passieren? Nur weil mehr Leute im Publikum saßen?

In Erinnerung an meine Therapeutin hatte ich mir außerdem schon einige Monate zuvor eine Notfallstrategie überlegt. Sollte ich tatsächlich mal auf der Bühne den Faden verlieren, dann würde ich das Publikum einfach freundlich anlächeln und sagen: »Ja, das wäre in meinen Videos jetzt der Punkt, an dem ich schneiden würde.« Bis jetzt musste ich darauf zum Glück erst einmal zurückgreifen, das Publikum hat über den Satz gelacht, und ich konnte ganz in Ruhe schauen, wo ich wieder ansetzen konnte.

Der wohl größte Sprung ins kalte Wasser fand dann aber in einer Situation statt, die, wenn man nach meinen vorherigen Kategorien gehen würde, gar nicht mal so beängstigend wirkte. Es waren etwa fünfzig Leute im Raum, also eine Menge, vor der ich schon häufiger gesprochen hatte. Die Menschen, die ich allerdings nicht sehen konnte, weil sie sich das Ganze online ansahen, waren deutlich mehr. Ganze zwei Millionen, wie sich später herausstellen sollte. Es war 2017, kurz vor der Bundestagswahl, als ich gefragt wurde, ob ich zusammen mit drei anderen YouTuber*innen Angela Merkel interviewen wollte. Wir vier würden pro Person zehn Minuten für unsere Fragen bekommen, und das Ganze würde per Livestream übertragen werden. Als diese Anfrage kam, war mein Drang, das Projekt abzusagen, wirklich groß. Ich war es zwar gewohnt, Woche für Woche meine Videos im Internet hochzuladen, die dann auch von mehreren zehntausend, manchmal sogar hunderttausend Leuten gesehen wurden. Doch die konnte ich ganz in Ruhe vorbereiten und sie im Nachhinein so lang schneiden, bis ich mit dem Ergebnis zufrieden war. Ich hatte normalerweise also die Kontrolle darüber, was die Leute zu sehen bekamen. Das war bei einer Live-Situation natürlich ganz klar nicht der Fall.

Zum Glück war meine Neugier dann aber doch größer als meine Angst, und so stellte ich mich der Herausforderung. Ich bereitete mich gut auf mein Interview vor und hoffte, dass ich im Zweifelsfall auch hier auf den Spruch über den Videoschnitt zugreifen konnte. Auch wenn ich sie erwartet hatte, ließen mich die Reaktionen, die auf die Ankündigung der Interviews folgten, dann aber fast wieder an meiner Entscheidung zweifeln. Doch dafür war es zu spät. Viele große deutsche und sogar ein paar internationale Medien hatten darüber berichtet, dass die Interviews stattfinden würden und uns ordentlich durch den Fleischwolf gedreht. Über mich selbst zu lesen, ich sei eine »etwas naiv wirkende Blondine, die sonst nur vor ihrem Bücherregal sitzt und irrelevante Geschichten aus ihrem unspektakulären Leben erzählt«, war ganz schön hart. Wir alle wurden zudem noch in lustige Schubladen gesteckt, wie »Technik-Nerd«, »Historiker«, »Beauty-Queen« und »It-Girl«. Meine fünf Jahre alte Jeans, meine ausgelatschten Sneakers und ich lachten sehr herzlich, als wir begriffen, dass ich mit dem letzten Punkt gemeint war. Einige Beiträge standen den Interviews auch positiver oder zumindest offener gegenüber. Meistens wurde uns aber vorgeworfen, wir seien unfähig, hätten keine Ahnung von Journalismus, würden bestimmt nur dumme Fragen stellen und hätten generell einfach keinerlei Berechtigung dazu, diese Interviews überhaupt führen zu dürfen. Na, das konnte ja heiter werden. Die Bundeskanzlerin und ihr Gegenkandidat, Martin Schulz, schienen zum Glück wenigstens beim letzten Punkt anderer Meinung zu sein, sonst hätten sie ja nicht für ihren jeweiligen Termin zugesagt.

Angela Merkel war zuerst dran. Als der große Tag des Interviews mit ihr gekommen war, fühlte ich mich seltsam entspannt. Da war es wieder, das Phänomen der Reizüberflutung, das es schaffte, sämtliche Panik in den Hintergrund zu drängen. Ich hing kurz vor Beginn des Interviews also nicht leichenblass über der Kloschüssel, sondern aß in aller Seelenruhe eine Pizza. Jemand am Set war so lieb gewesen, sie mir zu bestellen, und ich biss gerade in mein letztes Stück, als plötzlich eine ziemlich nervöse Aufnahmeleitung auf mich zugerannt kam. Sie rief mir zu, dass Frau Merkel angekommen sei und ich mich schleunigst rüber ins Studio bewegen sollte. Ich klappte meinen Pizzakarton zu, folgte ihrer Anweisung und setzte mich auf den Interviewerplatz im Set.

Meine zehn Minuten Interviewzeit waren zuerst dran, und ich ging davon aus, bis zum Beginn der Sendung noch ein wenig durchatmen zu können. Doch dann setzte sich plötzlich die Bundeskanzlerin neben mich. Sie war mehrere Minuten zu früh dran, womit ich nicht gerechnet hatte, und so musste ich ein bisschen improvisieren. Es war an der Zeit für Smalltalk. Ich sprach also mit Frau Merkel über ihre Anreise, über YouTube und über die Einstellung meiner Generation zu politischem Engagement. Noch nie zuvor war ich so dankbar für all die Gespräche gewesen, die ich in den Jahren zuvor mit Taxifahrern und netten älteren Damen geführt hatte, die mir leidenschaftlich gern auf langen ICE-Fahrten ihre Lebensgeschichten erzählten. Sie hatten mich in Sachen Smalltalk von einer überforderten Kartoffel zu jemandem gemacht, die gar nicht mal so schlecht darin war, ein solches Gespräch am Laufen zu halten. Ich quatschte der Bundeskanzlerin also munter ein Ohr ab und versuchte dabei, nicht zu genau über das bevorstehende Interview nachzudenken, als durch den kleinen Kopfhörer in meinem Ohr auch schon der Countdown für mein Interview heruntergezählt wurde.

Die zehn Minuten, die ich hatte, vergingen wie im Flug, und obwohl ich natürlich sichtlich angespannt war, fiel ich weder vom Stuhl noch bot ich Frau Merkel vor lauter Überforderung die Reste meiner Pizza an. Auch die Wochen danach liefen überraschend gut. Viele Medien reagierten natürlich gewohnt kritisch, aber in manchen Beiträgen wurden wir sogar gelobt. Besonders nach der Ausstrahlung des Kanzlerduells hieß es dann von mehreren Seiten, dass wir uns im Vergleich dazu eigentlich gar nicht mal so blöd angestellt hatten. Einige Male bestand meine Beschreibung jetzt sogar aus »die Anfang-20-jährige Politikstudentin« oder »die junge Journalistin«. Bye-bye, It-Girl. War schön mit dir! Das Interview mit Martin Schulz fand dann einige Wochen später statt, und in der Zwischenzeit war ich zu Gast in mehreren Radiosendungen und Fernseh-Talkshows. Mein Mail-Postfach war randvoll mit Anfragen, was mich freute, doch ich war gleichzeitig auch sehr froh, dass ich nicht allein im Fokus stand, sondern die drei anderen und ich die ganze Medienaufmerksamkeit untereinander aufteilen konnten. Auch wenn ich in dieser Zeit unglaublich beschäftigt war und ständig darauf achten musste, keinen Blödsinn zu erzählen, fühlte ich mich gut. Mir war klar, dass ich das alles, wenn es vorbei war, ganz in Ruhe würde verarbeiten müssen, doch das Wichtigste war für mich, dass keinerlei Anzeichen des gestrandeten Wals zu sehen waren.

SIEBEN DATES MIT MIR SELBST

Natürlich gehört es nicht gerade zu meinem Alltag, vor großem Publikum Politiker*innen zu interviewen, und ich weiß auch, dass es so eine Sache ist, bei der man sich wahrscheinlich mit ironischem Unterton denkt: »Wow, danke für den tollen Tipp, Lisa. Das probiere ich auch direkt mal aus!« Mir war es einfach nur wichtig, euch davon zu erzählen, weil es zeigt, das es definitiv möglich ist, von einem panischen Häufchen Elend zu einem offenen, zufriedenen und selbstbewussten Menschen zu werden. Zumindest an den meisten Tagen würde ich mich inzwischen jedenfalls als solchen bezeichnen. Ich hoffe sehr, dass ich damit vielleicht ein paar Leuten unter euch Mut machen kann, deren Alltag durch Soziale Angst und Panikattacken eingeschränkt wird. Das muss nicht so bleiben, und wenn ihr auf der Suche nach Hilfe seid, dann schaut gern mal ans Ende des Buchs.

Um euch noch einen etwas alltagstauglicheren Tipp zu geben, möchte ich euch gern von einem Selbstexperiment erzählen, das ich für meinen YouTube-Kanal gemacht habe. Ich habe mich dafür sieben Tage lang »selbst gedatet«, was bedeutet, dass ich Dinge allein unternommen habe. Es waren alles Dinge, die ich mich vor Beginn des Experiments so nicht getraut hätte. Ich war allein in einem Café, um dort zu arbeiten, allein im Kino, im Naturkundemuseum, in einem Yoga-Kurs und bei einem Eishockeyspiel. Ich hab mich allein zum Abendessen in ein Restaurant gesetzt und mich auch endlich mal getraut, einen Massagetermin für meinen verspannten Rücken auszumachen. Dieses Experiment hat sich noch mal wie ein ziemlich großer Befreiungsschlag angefühlt, auch wenn all die Situationen, in die ich mich da begeben habe, in Begleitung anderer Leute schon seit Jahren kein Thema mehr für mich waren.

Doch wie das mit Ängsten nun mal so ist, kommen sie besonders gern dann hervorgekrochen, wenn man viel Zeit hat, sich Gedanken über sie zu machen. Mir passierte das am allerhäufigsten dann, wenn niemand da war, der mich von dem blöden »Alle starren mich an und lachen bestimmt über mich«-Gequatsche in meinem Kopf ablenkte. Ganz reibungslos lief mein Selbstexperiment dann ehrlicherweise nicht. So saß ich beispielsweise im Restaurant und fühlte mich furchtbar, als der Kellner mich fragte, ob er den Tisch wirklich nur für eine Person decken sollte. Kleiner Einblick in mein Kopf-Drama: »Ich bin echt die Einzige, die allein hier ist. Das fällt bestimmt total auf, und alle fragen sich, ob ich sitzengelassen wurde oder einfach nur total einsam bin. Dabei stimmt das doch beides nicht, aber ich kann ja schlecht an jeden einzelnen Tisch gehen und den Leuten das erklären. Ich fühle mich echt unwohl ...« So ging das dann noch eine Weile weiter, bis ich realisierte, dass das alles eigentlich gar kein großes Ding war. Niemand starrte mich an. Die Leute beachteten mich nicht einmal. Der Kellner fragte zwar noch mehrfach nach meiner Begleitung, was ein bisschen nervte, aber das Essen schmeckte allein genauso gut wie in Gesellschaft. Ich konnte mich sogar viel entspannter darauf konzentrieren, weil ich parallel nicht noch versuchen musste, ein Gespräch am Laufen zu halten. Außerdem kam ich beim Warten aufs Essen noch dazu, ein paar Seiten zu lesen, was ich im Alltag leider wirklich viel zu selten schaffe. Eine weitere Herausforderung war die Yoga-Stunde. Ich hatte schon seit einigen Jahren keinen Sport mehr gemacht. Jedenfalls nichts, was über das eine oder andere sporadische zwanzigminütige YouTube-Workout hinausging. Dementsprechend unsicher war ich. Schon bei der Begrüßung hatte ich das Gefühl, dass ich bestimmt die unfähigste Person im Raum war und alle anderen das sofort merken würden. In Wahrheit schaute dann aber doch jeder nur auf sich selbst, und meine vorsichtigen Blicke nach links und rechts zeigten mir, dass der Herabschauende Hund bei den meisten von ihnen ebenfalls noch eine recht wackelige Angelegenheit war. Außerdem schienen so gut wie alle allein hier zu sein. Das galt auch für die Leute, die mit mir im Café saßen und ebenfalls ihre Laptops dabeihatten. Ich fiel einfach nicht auf und fragte mich, warum ich mir darüber überhaupt Gedanken gemacht hatte. Im Kino setzte sich dann prompt jemand neben mich, der auch ohne Begleitung da war, im Naturkundemuseum waren alle nur mit den riesigen Dinoskeletten beschäftigt, und beim Eishockeyspiel war es ähnlich. Nur dass es da statt der Dinos Spieler waren, die sich fleißig um den Puck kloppten oder sich gegenseitig an die Wände schubsten. Allein zur Massage zu gehen war auch überhaupt kein Thema. Worüber ich mir da im Voraus Sorgen gemacht hatte, war mir nun wirklich schleierhaft, denn abgesehen von Paarmassagen war das doch ohnehin eine Sache, die die meisten Leute allein taten. Mein Rücken war jedenfalls sehr glücklich mit meiner Entscheidung, und ich beschloss, mir das in Zukunft häufiger mal zu gönnen.

Generell war da plötzlich eine riesige Motivation, mich selbst zu »daten« und Dinge allein zu unternehmen. Genau das hatte ich mir ja Monate vorher auch für meinen Umzug nach Berlin vorgenommen! Es war vor dem Experiment nur einfach untergegangen, weil ich so damit beschäftigt gewesen war, mich überhaupt erst mal in der Stadt zu orientieren und andere Leute zu finden, mit denen ich meine Zeit verbringen konnte.

Seit diesem Video war ich allein in drei weiteren Museen, was toll war, weil mich dort niemand davon abgehalten hat, mir sämtliche Schilder von Anfang bis Ende durchzulesen. Nur wenn ich das getan habe, habe ich nämlich das Gefühl, ein Museum wirklich gesehen zu haben. Diese Macke stößt bei meinen Freund*innen im Normalfall auf wenig Begeisterung. Ich habe mir außerdem sämtliche Parks in meiner näheren Umgebung angeschaut, war bei einem Kochkurs und bin sogar allein verreist. Zuerst waren es nur Tagesausflüge, bei denen ich morgens in Berlin losfuhr und abends wieder bequem in meinem eigenen Bett schlafen konnte. Das Video dazu heißt »Das passiert, wenn du 4 Tage allein und ohne Plan verreist«. Irgendwann traute ich mich dann sogar ein Stück weiter und flog allein für ein Seminar nach Serbien. Das Taxi, in das ich am Belgrader Flughafen stieg, hatte zwar schon deutlich bessere Tage gesehen, und die Decke kam mir halb entgegen. Außerdem fiel dem Fahrer erst mitten auf der Schnellstraße ein, dass er ja eigentlich eine Brille beim Autofahren tragen musste, doch ich kam dennoch sicher an und erkundete die Stadt in meinem eigenen Tempo. Dadurch sah ich genau die Dinge, die ich mir anschauen wollte, und fand es großartig.

Generell mag ich an meinen Selbstexperimenten auf YouTube, dass sie mich abenteuerlustiger machen. Sie »zwingen« mich quasi dazu, neue Dinge auszuprobieren und mich in ungewohnte Situationen zu begeben. Anders hätte ich mich wahrscheinlich auch nicht dafür entschieden, eine Stunde lang in einem stockdunklen Salzwassertank herumzutreiben oder meine eigene Beerdigung zu planen. Falls ihr also auf der Suche nach Inspiration seid oder ebenfalls Lust auf eine Herausforderung habt, testet doch mal die Dates mit euch selbst oder schaut euch die Selbstexperimente-Playlist auf meinem Kanal an. Vielleicht ist da ja die eine oder andere Idee für euch dabei.

HOCHSENSIBILITÄT

Seit dem Date-Experiment sage ich über mich selbst, dass ich meine Soziale Angst nun komplett hinter mir gelassen habe. Beziehungsweise sage ich es nicht nur, sondern meine es auch, denn erstaunlicherweise gehe ich seitdem wirklich anders durch die Welt. Es ist ein bisschen so, als hätte ich nun alle beängstigenden Situationen durchgespielt, die früher dafür gesorgt haben, dass ich beim Laufen immer die Schultern nach oben gezogen und den

Blick gesenkt hielt. Ich sehe nun gerade nach vorn, um den Leuten, die mir entgegenkommen, ins Gesicht und nicht nur auf die Schuhe zu blicken, oder ich schaue nach oben, um endlich mal mehr als nur das Erdgeschoss der Häuser um mich herum zu sehen. Berlin hat so viele schöne Altbauten, dass es doch wirklich schade wäre, all die Zinnen, Erker und den kunstvollen Stuck weiterhin zu ignorieren. Ich bleibe auch nicht mehr ewig vor Türen stehen, um tief durchzuatmen und mir noch zehnmal zu überlegen, ob ich einen Raum voller fremder Menschen wirklich betreten will. Ich mache es einfach. Die meisten Vorträge machen mich nicht mehr nervös, ich kann mich auch spontan vorstellen, ohne mich im Kopf davor tausendmal daran zu erinnern, dass ich Lisa heiße, und Selbstbedienungskassen ... Nun ja, die benutze ich immer noch gern. Allerdings nicht mehr, weil ich Angst vor bösen Blicken habe, sondern einfach, weil ich es stressfreier finde.

Das sind jetzt nur ein paar kleine Beispiele, aber wenn wir uns mal an meine »Nächstes Jahr möchte ich ...«-Wünsche zurückerinnern, die ich mir kurz nach meiner Zeit auf dem Sofa überlegt habe, bin ich tatsächlich deutlich entspannter und selbstbewusster geworden. Bevor ich euch gleich mehr über den dritten Punkt auf der Liste, das »Organisierterwerden« und dementsprechend auch über das Thema Zeitmanagement erzähle, möchte ich noch kurz bei Entspannung und Selbstbewusstsein bleiben. Es gibt da nämlich noch so eine Sache, die auch nach meinem Abschied von meiner Sozialen Angst weiterhin ein Teil von mir blieb: Ich bin hochsensibel.

Während ich das tippe, sehe ich förmlich vor mir, wie einige von euch die Augen verdrehen. »Boah, jetzt kommt die Alte auch noch damit an. Denkt das gerade eigentlich jede YouTuberin von sich selbst? Ist das schon wieder so ein nerviges Modewort?« Die Kritik kann ich gut nachvollziehen, denn das Thema ist zurzeit tatsächlich in aller Munde. Dabei steht die Forschung dazu eigentlich noch relativ am Anfang. Aktuell gibt es keine anerkannte neurowissenschaftliche Definition von Hochsensibilität, und sie kann deswegen auch nicht zweifelsfrei durch ein einheitliches Diagnoseverfahren nachgewiesen werden. Auch wenn die Psychologiestudentin in mir bei diesen Argumenten definitiv kritisch die Augenbraue nach oben zieht, sehe ich das Ganze in der Praxis nicht so streng. Meiner Ansicht nach lässt sich im Alltag mit dem Begriff Hochsensibilität ähnlich gut arbeiten wie mit der Introvertiert-extrovertiert-Skala. Ob man sie nun ganz sicher nachweisen kann oder nicht: Diese Selbstzuschreibungen können Leuten auf jeden Fall dabei helfen, sich besser kennenzulernen und die eigenen Bedürfnisse genauer zu verstehen. So empfinde ich das alles jedenfalls für mich – nicht als ein »Oh, schaut mich alle an, ich bin ja so sensibel und so eine Special Snowflake!«.

Beim Thema Hochsensibilität geht es darum, dass die entsprechende Person Sinneseindrücke besonders intensiv und detailliert wahrnimmt. Das kann für den Kopf ganz schön anstrengend werden, da, ganz simpel gesagt, jemand, der Dinge bewusster wahrnimmt, danach auch einfach mehr zu verarbeiten hat. Bei mir betrifft die Hochsensibilität unter anderem mein Gehör. Ich tue mich sehr schwer damit, konzentriert zu arbeiten, wenn ich auditiv zu viel von meiner Umwelt mitbekomme. Das können die kleinsten Reize sein: Gesprächsfetzen aus dem Raum nebenan, das Geräusch eines Rettungswagens fünf Straßen weiter, gedämpfter Baustellenlärm oder Schritte im Treppenhaus. Deswegen ist es mir früher auch wahnsinnig schwergefallen, für die Schule oder für die Uni zu lernen. Egal, wie spannend der Stoff manchmal tatsächlich war und wie gern ich mich konzentriert damit auseinandergesetzt hätte, ich konnte meine Sinne einfach nicht dazu bringen, bei dem Blatt vor mir zu bleiben. Ich erinnere mich auch noch gut an meine Prüfungen in der Uni. Da saß ich dann mit mindestens hundert anderen Studierenden im Hörsaal und konnte nur so lange konzentriert die Aufgaben beantworten, bis die erste Person im Raum eine Frage stellte. Spätestens wenn ich das Wispern des Professors hörte, der schon extra sein Bestes gab, möglichst niemanden zu stören, riss mich das komplett aus meinem Schreibfluss heraus. Ob ich es wollte oder nicht, ich musste ihm zuhören, selbst wenn mir die Antwort auf die Frage komplett egal war. Danach dauerte es dann locker fünf Minuten, bis ich mich wieder mit voller Aufmerksamkeit meiner Prüfung widmen konnte. Da konnte ich an dem Tag noch so gut vorbereitet und ausgeschlafen sein, schneller bekam ich es einfach nicht hin. Mir da nicht schwach und dumm vorzukommen, war echt nicht leicht. Auch wenn meine Noten gut waren und ich mir darum keine Sorgen machen musste, fragte ich mich in meiner Schul- und Unizeit oft, ob ich fauler als alle anderen war. Gleichzeitig hatte ich auch das Gefühl, dass ich in Situationen, die viel Input für die Sinne bedeuteten, viel schneller erschöpft und müde war als sie. Seien es Bahnfahrten, Konzerte oder Abende in Bars. Ich war danach jedes Mal völlig fertig und musste erst mal allein sein, um in Ruhe ein Nickerchen machen zu können.

Erst Jahre später, in einem Gespräch mit meiner Freundin Ella (»Ella TheBee« auf YouTube), setzte ich mich näher mit diesen Gefühlen auseinander. Denn die Erfahrungen, die Ella mit solchen Situationen gemacht hatte und die sie mir nun schilderte, ähnelten meinen sehr. Dass sie sich aktiv damit beschäftigte, gab mir dann ebenfalls den Antrieb, mich auf die Suche nach Lösungen zu machen. Positive Vorbilder zu haben kann da wirklich sehr bestärkend sein, und nach einigem Ausprobieren habe ich inzwischen eine ganz gute Lösung für die Sache mit dem Gehör gefunden.

Für mich und meine Konzentration funktioniert »White Noise« sehr gut. Das bedeutet, dass ich nun schon seit einiger Zeit beim Arbeiten Noise-Canceling-Kopfhörer trage und darüber dann einen 10-Stunden-Loop aus Meeresrauschen und Gewittergeräuschen laufen lasse – mein neues Lieblingsvideo auf YouTube. Wenn ich das höre, nehme ich keine anderen Geräusche mehr wahr, und das Rauschen ist derart monoton, dass mein Kopf es mühelos ausblenden kann. Ich kann jetzt also ohne Ablenkung mehrere Stunden am Stück schreiben, lernen oder mich auf wichtige Mails konzentrieren.

Nachdem ich mich um mein Gehör gekümmert hatte, setzte ich mich dann nach und nach auch mit den anderen Sinnen auseinander. Gerüche und Geschmäcker störten mich nicht so stark. Abgesehen von Petersilie und Koriander. Was die beiden anging, war ich wie ein Trüffelschwein, das auch schon die kleinsten Mengen davon in einem Gericht aufspüren konnte. Manchmal wurde mir beim Essen sogar schlecht, wenn ich nur roch, dass eines der beiden Kräuter auf dem Teller einer anderen Person lag. Das war aber die einzige Ausnahme, und auch mein Tastsinn verhielt sich relativ unauffällig. Bei meinen Augen sah das noch mal ein bisschen anders aus. Sie signalisierten mir ganz klar, dass alles, was schnell aufleuchtete und blinkte, definitiv nicht ihr Ding war. Schriftzüge an Pizzaläden, Kinderspielzeug und vor allem riesige Bildschirme in Shoppingstraßen sorgten bei mir schnell dafür, dass ich Kopfschmerzen bekam und das Weite suchte. Ihr könnt euch vorstellen, wie viel Spaß ich am Times Square in New York oder in der Innenstadt Tokios hatte. Außer wegzurennen, mir die Augen zuzuhalten und den Kindern in meiner Verwandtschaft nur noch Spielsachen aus Holz zu schenken, konnte ich dagegen jedoch nur wenig tun. Das Leben in der Großstadt brachte nun einmal sehr viel Lichtverschmutzung mit sich, und aufs Dorf zu ziehen, kam für mich gerade nicht in Frage. Eine kleine Sache, die mir trotzdem ein bisschen weiterhalf, war, in Situationen, die ohnehin schon anstrengend für meine Sinne waren, nicht auch noch auf mein Handy zu schauen. Wenn ich in der Bahn beispielsweise stattdessen Musik oder einen Podcast hörte, ging es mir deutlich besser, weil dadurch einerseits meine Augen entlastet waren und mein Gehör andererseits auch eine konkrete Sache hatte, auf die es sich konzentrieren konnte.

Ein weiterer Punkt, der mir auffiel, war, dass es ein paar soziale Situationen gab, in denen die Hochsensibilität eine Rolle spielte. Räume voller fremder Menschen konnte ich inzwischen zwar angstfrei betreten, doch ich brauchte dann immer erst mal eine Weile, um die Eindrücke darin zu verarbeiten, und konnte nicht direkt losstiefeln, um mir etwas vom Büffet zu holen. Noch komplizierter wurde es, wenn sich in dem Raum viele Menschen befanden, die ich kannte und die mich sofort nach meinem Eintreten bemerkten. Dann war ich erst mal so überfordert damit, wem ich jetzt zuerst hallo sagen sollte, dass ich jedes Mal von mindestens einer Person den Satz »Jetzt leg erst mal deine Jacke zur Seite und komm in Ruhe an« zu hören bekam. Der Unterschied zu früher war, dass auch das keine Angst in mir auslöste und ich mir in dem Moment nicht mehr tausend Gedanken darüber machte, was Person X wohl darüber denken mochte, dass ich nicht zuerst sie, sondern Person Y umarmt hatte. Es waren einfach nur so viele freundliche Gesichter auf einmal, dass meine Sinne einen Moment brauchten, um sich einen Überblick zu verschaffen. Mit meinen Freund*innen habe ich mich inzwischen schon häufiger über diese Erfahrungen ausgetauscht. Wir sind generell ein ziemlich introvertierter Haufen und ticken in vielen Bereichen ähnlich, daher ist das Verständnis für solche Dinge glücklicherweise sehr groß. Deswegen wundert sich auch niemand, wenn ich mich in einem gemeinsamen Urlaub zwischendurch mal für einen Abend von der Gruppe verabschiede. Das habe ich beispielsweise in Tokio gemacht, nachdem ich einen Tag lang besonders viele flackernde Bildschirme zu sehen bekommen hatte. Meine Freunde nahmen mir das nicht übel, weil sie wussten, dass das nichts mit ihnen zu tun hatte. Sie schickten mir also ein Foto davon, wie sie mit Hasenöhrchen auf dem Kopf in einem Maid-Café saßen, während ich in unserer Ferienwohnung lag und in Ruhe Musik hörte. So hatten wir an dem Abend alle unseren Spaß, und mein Kopf hatte die Möglichkeit, all die neuen Eindrücke in Ruhe zu verarbeiten.

Was ich übrigens ebenfalls sehr spannend finde, ist die Sache mit dem Heulen. Das ist oft die Frage, die ich zuallererst gestellt bekomme, wenn ich mit Leuten über Hochsensibilität spreche. »Bedeutet das, dass du dann sehr häufig in anstrengenden Situationen heulst?« Tatsächlich bedeutet es das nicht. Bei mir jedenfalls, von anderen weiß ich, dass sie mehr dazu tendieren. Ich bin im Alltag nicht sonderlich nah am Wasser gebaut. Ganz anders sieht es allerdings aus, wenn ich Medien konsumiere. Irgendwas sorgt dann nämlich dafür, dass meine Empathiesensoren noch mal ein gutes Stück empfindlicher werden. Besonders bei Musik ist das der Fall. Neulich war ich beispielsweise auf einem Konzert, bei dem unter anderem ein Song über das Thema Demenz gespielt wurde. Nicht nur, dass ich bereits nach dem zweiten Satz erkannte, dass es darum ging, ich war auch direkt komplett in der Geschichte drin. Es war, als würde der Sänger die Zeilen gerade über mich singen und als würde ich plötzlich meine liebsten Menschen nicht mehr erkennen. Dabei habe ich eigentlich keinerlei Berührungspunkte mit der Erkrankung. Niemand in meiner Familie oder Verwandtschaft ist von Demenz betroffen, doch das war in dem Moment egal. Ich begann sofort zu weinen, während mein Freund, der mich begleitete, nur relativ unbeeindruckt meinte: »Puh, die sind heute ja echt deep unterwegs.« Musik nimmt mich sowohl im negativen als auch im positiven Sinne sehr stark mit. Beispielsweise kriege ich bei Orchesterstücken immer sofort eine Gänsehaut und vergesse dann alles um mich herum. Das ist echt eine coole Sache, und ich weiß es zu schätzen, dass ich das so intensiv erleben kann. Auch in Filme werde ich sehr schnell hineingezogen, und wenn ich vor einem Videospiel sitze, vergesse ich innerhalb von Sekunden, dass ich ja eigentlich nicht der Charakter bin, sondern ihn nur spiele. Ich bin dann komplett involviert in seine Gefühle, Sorgen und Interessen und zerbreche mir mit solcher Kraft den Kopf über die Herausforderungen, die ihn erwarten, als ginge es dabei um mein eigenes Leben. Ich mag spannende und dramatische Geschichten, doch dieses Drama muss bei mir auch regelmäßig harmonischen und lustigen Geschichten mit gutem Ende weichen. Besonders an Tagen, die bereits so schon ziemlich anstrengend für meine Sinne waren. Denn wenn ich auf den Stapel dann auch noch einen Film wie »Fight Club« oder »Die Verurteilten« draufpacken würde, bekäme ich deren Inhalte danach tagelang nicht mehr aus meinem Kopf. Nachts würde ich zudem davon träumen, was mir immer tierisch auf die Nerven ging. In diesen Filmen ging es ja schließlich nicht einmal um real existierende Probleme, also wollte ich sie auch bitteschön nicht lösen müssen!

Etwas, das hingegen sehr wohl real existierte und für das ich auch einen gesunden Umgang finden musste, waren Nachrichten und Berichte über das aktuelle politische Tagesgeschehen. Ich interessiere mich sehr für diese Themen und will eigentlich immer gern auf dem aktuellen Stand sein. Ich will teilhaben, mich engagieren, meine Stimme nutzen, und das ist natürlich nur möglich, wenn ich mich auch regelmäßig mit diesen Dingen auseinandersetze. Manchmal muss ich mir aber auch davon eine Pause nehmen. Das war beispielsweise dann der Fall, wenn das Hören der Nachrichten dafür sorgte, dass ich mich mit Blick auf meinen eigenen, eingeschränkten Wirkungsradius hilflos fühlte und mich der Weltschmerz wieder mal von den Socken warf. Dann musste ich einen Schritt zurücktreten und mich eine Weile lang mit anderen Dingen beschäftigen. Das galt auch für Phasen, in denen ich mich auf ein bestimmtes Projekt konzentrieren wollte und mich die Beschäftigung mit diesen Themen zu stark davon ablenken würde. Auch wenn ich mir in solchen Phasen dann in Unterhaltungen mit politisch interessierten Menschen in meinem Umfeld immer ein bisschen dumm vorkam, tat es meinem Kopf wirklich gut.

Wenn ich gerade die Kapazitäten dafür habe, ist Hochsensibilität wie gesagt auch eine schöne Sache. Das gilt für die Musik, aber auch für die Fähigkeit, sich gut in andere Menschen hineinversetzen zu können.

Das hilft mir häufig dabei, meine Freund*innen bei ihren Problemen und Sorgen zu unterstützen und ihnen mit Rat und Tat zur Seite zu stehen. Dafür müssen meine eigenen Akkus aber voll sein, denn wenn ich mich selbst gerade ebenfalls furchtbar fühle, dann ist ein Problemlösungsgespräch mit mir ungefähr so effektiv, als würde man mit einem Wattebällchen reden. Ich sauge dann nämlich sämtliche negativen Gefühle der anderen Person auf, und wir jammern einfach nur zusammen. Manchmal kann das ja auch guttun, aber die andere Variante ist definitiv konstruktiver, und man zieht sich nicht gegenseitig runter. Einige der Punkte, die ich gerade genannt habe, kennt ihr so oder so ähnlich vielleicht auch aus eurem Alltag. Selbst dann, wenn ihr euch nicht unbedingt als hochsensibel beschreiben würdet. Ähnlich wie beim Thema introvertiert und extrovertiert ist auch Hochsensibilität ein Spektrum, und es kann neben einem gewissen »Grundwert« auch einfach mal mit der Tagesform zusammenhängen, wo man sich gerade darauf befindet. Egal, ob ihr diese Gefühle nur manchmal oder täglich habt, sind hier sieben Tipps, die euch im Umgang damit helfen können.

1 Sprecht über das Thema, damit alle Seiten verstehen, was Sache ist und gewisse Situationen nicht falsch interpretiert werden. Ihr müsst euch dabei nicht erklären oder rechtfertigen. Doch sich auszutauschen und zu erzählen, wie die Situation gerade auf jemanden wirkt, der hochsensibel und sehr empathisch ist, bringt einen selbst und auch den Rest der Gruppe weiter.

2 Denkt in Situationen, in denen ihr sehr vielen Sinneseindrücken ausgesetzt seid, nicht zuerst an die Bedürfnisse und Gefühle aller anderen, damit bloß niemand sauer auf euch ist. Schaut darauf, wie es euch selbst geht, und beschäftigt euch mit euren eigenen Grenzen. Je besser ihr sie kennt, desto klarer könnt ihr sie dann auch an andere kommunizieren.

3 Es ist absolut okay, sich eine Pause zu nehmen. Wenn ihr merkt, dass ihr gerade nicht die Kraft habt, einen Abend in einem lauten Umfeld zu verbringen, dann ist es für alle Seiten besser, wenn ihr absagt, statt euch trotzdem hinzuquälen. Wichtig finde ich es hier, kein schlechtes Gewissen bei einer Absage zu haben. Gleichzeitig würde ich euch aber auch raten, von faulen Ausreden abzusehen. Seid lieber ehrlich zu euren Freund*innen, denn das motiviert sie auch dazu, selbst offen über ihre persönlichen Erfahrungen und Grenzen zu sprechen, und das kann euch noch enger zusammenschweißen.

4 Wenn ihr erst in der Situation selbst merkt, dass sie euch gerade zu viel ist, nehmt euch auch dann eine Pause. Es ist okay, wenn ihr wieder nach Hause geht oder die Situation kurz verlasst, um durchzuatmen. Auch hier finde ich es besser, das ehrlich zu kommunizieren. Falls ihr aber gerade nicht eure engsten Freund*innen um euch haben solltet und keine Energie habt, zu erklären, was genau Hochsensibilität ist, dann könnt ihr auch immer sagen, ihr bräuchtet eine kurze Klopause oder müsstet mal eben raus, um zu telefonieren.

5 Die Reaktionen auf offene Gespräche über Hochsensibilität und hohe Empathie sagen euch auch sehr viel über die anderen Personen. Akzeptieren sie eure Grenzen und euer Nein? Sucht euch Leute, die euch so nehmen, wie ihr seid, bei denen ihr nicht das Gefühl habt, euch rechtfertigen zu müssen, und die auch nicht ständig Seitenhiebe und blöde Sprüche darüber verteilen. Ich finde, dass es im Zweifelsfall besser ist, weniger Freund*innen zu haben, statt eines Haufens an Leuten, die einem nicht guttun. Sucht euch ehrliche und aufrichtige Menschen, die auch daran interessiert sind, sich gegenseitig zu unterstützen. Gerade für die, die sehr sensibel und empathisch sind, ist es wichtig, einen Freundeskreis zu haben, in dem sie nicht ständig darauf achten müssen, dass es allen anderen gut geht, sondern in dem es ein ausgeglichenes Geben und Nehmen gibt.

6 Geht gut mit euch selbst um. Besonders nach sehr anstrengenden Situationen ist es wichtig, nicht direkt weiterzurennen und sich noch mehr Sinneseindrücken auszusetzen. Nehmt euch stattdessen die Zeit, die jeweiligen Erlebnisse zu verarbeiten, und lernt eure eigenen Gefühle dazu besser kennen. Vielleicht hilft es euch, eure Gedanken aufzuschreiben, eine Runde zu tanzen, ein Bad zu nehmen oder zu meditieren, um euch zu entspannen.

7 Auch hier: Seid geduldig mit euch selbst. Das kann ich gar nicht oft genug sagen, auch als Rat an mich selbst. Ich fühle mich in manchen Momenten noch immer schwach, wenn ich mehr Zeit zur Erholung brauche, als mir lieb wäre, oder ich habe das Gefühl, ich würde weniger leisten als alle anderen. Wenn man sich das über Jahre hinweg eingeredet hat, weil man einfach nicht wusste, wie man gut mit sich und dem eigenen Kopf umgehen kann, dann dauert es einfach eine Weile, solche Denkmuster loszuwerden. Doch auch das ist okay. Wir sind eben alle nur Menschen, und ich merke, dass es besser wird, wenn ich mich bemühe, bewusst damit umzugehen und mich selbst nicht zu sehr unter Druck zu setzen.

GASTBEITRAG VON MARIA POPOV: HOW TO – MENSCHEN MIT PSYCHISCHEN ERKRANKUNGEN HELFEN

Hi, ich bin Maria – die, deren Ohren ziemlich lange Öffnungszeiten haben und deren Schulter gefühlt schon eine Delle vom vielen Anlehnen hat. Das ist natürlich Quatsch. Was aber stimmt, ist, dass ich selbst in meinem 26-jährigen Dasein ziemlich verschont geblieben bin, was psychische Erkrankungen angeht. Ich habe aber viele Freund*innen und Verwandte, denen es anders ergeht und ergangen ist. Wie man Freund*innen mit Depressionen wirklich helfen kann und warum man keinen Lügendetektortest dafür braucht, erfahrt ihr in diesem Kapitel.

Ich war sechs Jahre alt, als mein Opa starb. Dass mir die Todesursache auf Nachfrage nie so richtig erklärt wurde, fiel mir lange nicht auf. Mit sechzehn beichtete mir meine Oma dann, dass mir der wirkliche Grund vorenthalten worden war. Mein Opa hatte Suizid begangen, und zehn Jahre lang wusste keines meiner Familienmitglieder so richtig, wie man mir das beibringen sollte. Mich machte das nicht nur total traurig, sondern es zeigte mir auch deutlich, wie nicht nur in meiner Familie, sondern häufig auch in der Gesellschaft mit psychischen Erkrankungen umgegangen wird. Ich musste mich in den zehn darauffolgenden Jahren noch mit vielen anderen Themen auseinandersetzen: Depressionen, Persönlichkeitsstörungen, Suchterkrankungen, Essstörungen, Suizidgedanken. Diese umgaben mich, ohne mich selbst zu betreffen.

Anders als meine Oma und meine Familie, die zehn Jahre lang nicht über Suizid sprechen wollten und konnten, wollte ich nicht davor weglaufen. Auch wenn es mich zeitweise überfordert hat, offen zu bleiben für die Krisen der Menschen in meinem Umfeld, kann es schön sein, mit geliebten Menschen gemeinsam aus so schwierigen Momenten neue Kraft zu schöpfen. Auch wenn psychische Erkrankungen unangenehm, traurig und schmerzhaft sein können, wachsen nicht nur Betroffene, sondern eben auch Angehörige daran. Ich kann euch leider keinen 10-Punkte-Masterplan bieten, aber ich habe einige Tipps, die euch dabei helfen können, als Angehörige mit psychischen Erkrankungen umzugehen.

1 Nehmt es an

Wenn ihr euch selbst in der Situation befindet, dass euch eine nahestehende Person mitteilt, dass sie in einer psychischen Krise steckt, ist mein erster Tipp: Glaubt ihr! Klingt jetzt banal, aber alleine das fällt vielen aus verständlichen Gründen gar nicht mal so leicht. Nach einer Nachricht wie »Ich glaube, ich bin depressiv« haben viele das Bedürfnis zu entgegnen »Ach Quatsch, das ist mir auch schon mal passiert« oder »Kriegst du nicht einfach deine Tage?«. Macht das lieber nicht. Da vertraut euch jemand etwas sehr Wichtiges an und öffnet sich euch. Das ist erst mal etwas sehr Schönes.

2 Put yourself first

Der Tipp überrascht euch jetzt vielleicht, aber er ist sehr wichtig: Passt auf euch selbst auf. Depressionen oder andere psychische Erkrankungen sind nicht ansteckend. Trotzdem kann einen die empfundene Machtlosigkeit und Trauer runterziehen. Achtet auf euch und eure Grenzen, denn wenn eure Energien aufgebraucht sind, könnt ihr auch niemandem mehr helfen. Schaut also, dass ihr nicht jeden Tag nur die Erkrankung oder Krise der anderen Person im Kopf habt. Findet auch einen Ausgleich, indem ihr Dingen nachgeht, die euch Freude bereiten.

3 Don't do the Helfersyndrom

Ihr könnt eine Person mit einer psychischen Erkrankung leider nicht heilen. Ihr könnt ja auch kein gebrochenes Bein wieder ganz machen. So ist es z. B. bei Depressionen, Burnout oder Magersucht auch. Eine gute Freundin zu sein heißt nicht, einen Teil der Depression auf die eigenen Schultern legen zu müssen. Ihr müsst auch nicht die alles erklärende Lösung parat haben. Das ist der Job von

Therapeut*innen. Die wurden professionell dazu ausgebildet, mit psychischen Erkrankungen umzugehen und sie zu heilen oder aushaltbar zu machen. Schlagt zum Beispiel vor, einen Spaziergang zu machen oder gemeinsam Musik zu hören, statt Handlungsdruck auszuüben. Oft ist Zuhören und Dasein viel hilfreicher, als mit einem Fünf-Schritte-Plan anzukommen.

4 Professioneller Rat

Habt keine Scheu davor, euren Bekannten Unterstützung durch professionelle Hilfe vorzuschlagen. Ihr könnt vorsichtig nachfragen, wie er oder sie es finden würde, zusammen bei einem/einer Psychiater*in, Psychotherapeut*in oder Hausärzt*in anzurufen und einen Termin auszumachen.

Wenn jemand sich oder andere in irgendeiner Weise gefährdet, ist auch ein Termin in einer Klinik nichts, wovor man Angst zu haben braucht. Ihr könnt die Person nicht zwingen, sich Hilfe zu holen, ihr könnt aber anbieten, die entsprechende Ärztin oder den Therapeuten anzurufen und vielleicht zu den Erstgesprächen mitzukommen. Das ist natürlich auch nur ein Angebot, und wenn die Person das ablehnt, dann akzeptiert, dass sie noch nicht bereit dazu ist. Wenn ihr euch aber ganz schlimme Sorgen macht, zieht den Rat von Geschwistern, Eltern oder anderen Vertrauenspersonen hinzu. So wie Menschen mit Problemen nicht alleine sind, seid ihr es auch nicht. Auch ihr solltet auf euer eigenes Bauchgefühl hören. Ihr könnt auch in Erwägung ziehen, ob ihr selbst einen Rat braucht. Zum Beispiel von einer Beratungshotline oder von Gruppen, in denen Angehörige sich treffen.

Maria ist Moderatorin und Redakteurin bei »Auf Klo«. Sie steht auf Secondhand-Mode und Balsamico-Chips und hasst sexistische Witze und eingewachsene Schamhaare.

Instagram: @maria.popov

ZEITMANAGEMENT

WIE ICH MEINEN ALLTAG ORGANISIERE

Auf der »Dinge, die sich ändern müssen«-Liste des gestrandeten Wals stand unter anderem ganz groß das Wort »Zeitmanagement«. Da es sich auch ganz schön riesig anfühlte, schlich ich eine Weile lang vorsichtig darum herum, bevor ich mich der ersten Herausforderung stellte. Die bestand darin, den richtigen Kalender für mich zu finden. So ein bisschen hatte ich mir meine Termine zwar auch in den Jahren davor schon aufgeschrieben, doch mein »System« bestand bis dahin eigentlich nur aus einem halbherzig ausgefüllten DIN-A6-Terminkalender und einem Haufen kleiner Zettel, die kreuz und quer durch mein Zimmer flogen. Den Überblick über dieses Chaos zu behalten, war eine Sache der Unmöglichkeit, also versuchte ich zunächst einmal, alles an einem Ort stattfinden zu lassen. Der Kalender, den ich bis dahin hatte, fühlte sich zu klein dafür an, also kaufte ich mir einen DIN-A5-Kalender. Auf der Suche nach Videos, in denen mir jemand erklärte, wie ich das Ding möglichst sinnvoll nutzen konnte, stieß ich dann hauptsächlich auf Leute, die ihren Kalender sehr kunstvoll dekorierten. Alles war voll mit süßen kleinen Doodles, Tausenden von Stickern, und auch wenn das wirklich sehr hübsch war, sah es nach einem riesigen Haufen Arbeit aus. Das zu sehen, setzte mich direkt wieder unter Druck, denn der Kalender sollte mich doch entlasten und nicht zu einem neuen Stressfaktor werden.

Doch zum Glück dauerte es nicht lang, bis ich auf die Videos von Ella stieß. Genau, dieselbe Ella wie beim Thema Hochsensibilität. Inzwischen sind wir Freundinnen, doch damals kannten wir uns nur vom Sehen, da wir uns zuvor ein paar Mal bei Events über den Weg gelaufen waren. Ellas beruhigende und angenehme Art sorgte bei mir direkt dafür, dass es sich anfühlte, als würde ich gerade einer großen Schwester zuhören. Das nahm mir ganz viel Druck und gab mir das Gefühl, dass ich das alles bestimmt in den Griff bekommen würde. Ich befolgte zunächst einmal Ellas Tipp, mir für verschiedene Lebensbereiche verschiedene Farben herauszusuchen. Meine Unitermine wurden also fortan gelb in den Kalender geschrieben, alles, was mit der Arbeit zu tun hatte, war grün, YouTube war rot, und Dinge, die ich in meiner Freizeit unternehmen wollte, schrieb ich mit einem blauen Stift auf. Alles, was nicht in diese Kategorien passte, wie beispielsweise Arzttermine oder Behördengänge, bekam die Farbe orange. Das neue Farbsystem half mir dabei, ein besseres Gefühl dafür zu bekommen, was am jeweiligen Tag anstand. Alles wirkte plötzlich viel geordneter, und ich merkte auch direkt, wenn ich in einer Woche zu viele Termine von einer Sorte geplant hatte und vielleicht ein bisschen mehr Abwechslung gebrauchen konnte.

Trotz des neuen Farbsystems waren meine Felder für den jeweiligen Tag noch ziemlich verwirrend. Da standen einfach ganz durcheinander die Termine, die anstanden, weil ich sie einfach in der Reihenfolge eintrug, in der ich sie bekam. Meine Uniseminare standen schon fest, daher wurden sie zuerst eingetragen, doch manchmal kam dann noch überraschend ein Arzttermin dazwischen, der eigentlich vor der ersten Veranstaltung stattfand. Im Kalender stand er dann aber trotzdem darunter, weil ich über dem Unitermin keinen Platz gelassen hatte. Das war unübersichtlich, daher begann ich nach einigen Wochen, mir eine Art Stundenplan zu schreiben. Auch das war natürlich ein Tipp von Ella gewesen, die ihr eigenes System stetig weiterentwickelte und dadurch jede Woche mit neuen guten Ideen um die Ecke kam. Irgendwie fühlte sich das ganze Kalenderding dadurch ein bisschen wie ein gemeinsames Projekt an, und ich freute mich sehr, eine (wenn zu dem

Zeitpunkt auch nur virtuelle) Freundin zu haben, mit der ich das zusammen angehen konnte. Bei meinem neuen Stundenplan standen dann, genau wie bei den Plänen, die man aus der Schule kennt, links untereinander die Uhrzeiten. Ich entschied mich dabei für sechs bis dreiundzwanzig Uhr, weil ich den Rest der Zeit ja meistens schlafend verbrachte. In die Kästchen neben den Uhrzeiten kamen dann die jeweiligen Termine für den Tag, und ich malte sie auch gleich noch mit der passenden Farbe aus. Dadurch sah der Kalender auch direkt bunter und freundlicher aus, und das riesige Thema Zeitmanagement wirkte weniger gruselig. Ich konnte in meinem Stundenplan genau erkennen, wie viel freie Zeit ich noch am jeweiligen Tag hatte. Außerdem berechnete ich bei den Terminen jetzt auch immer den Hin- und Rückweg mit ein und kam so deutlich seltener zu spät.

Mit diesem System kam ich wirklich gut durch meinen Alltag. Jedenfalls bis zu dem Punkt, an dem ich mich selbstständig machte. Damit kam mein Kalender dann leider echt an seine Grenzen. Ständig wurden Termine verschoben, dauerten länger oder kürzer als geplant oder fielen sogar einfach komplett aus. Ich war nur noch damit beschäftigt, zu radieren und meine Kästchen neu auszumalen, und das ging mir wahnsinnig auf die Nerven. Ich sprach mit meinen Freund*innen über das Problem, und einer von ihnen, der ebenfalls selbstständig arbeitete, zeigte mir dann seinen digitalen Kalender. Im Prinzip sah der genauso aus wie mein Stundenplan. Den verschiedenen Lebensbereichen konnten verschiedene Farben zugeordnet werden, und es gab auch Kästen, die anzeigten, wie lang der jeweilige Termin dauerte. Eigentlich war es also genau dasselbe System, mit dem Unterschied, dass ich nicht mehr durchstreichen und radieren musste, sondern die Kästchen einfach hin und her schieben und größer oder kleiner ziehen konnte. Seitdem ist das das System, mit dem ich arbeite und sehr gut klarkomme.

Das Thema Kalender ist natürlich sehr individuell und hängt ganz davon ab, wie euer Alltag aussieht. Für viele funktionieren Bullet-Journals sehr gut, und sie genießen es, alles zu dekorieren und schön zu gestalten. Ich schaue mir die Videos dazu auch weiterhin regelmäßig an. Meine Augen mögen einfach aesthetically pleasing stuff und die eine oder andere Sache übernehme ich dann tatsächlich auch für mein Tagebuch-Fotoalbum-Notizbuch. Es muss ja nicht immer ganz oder gar nicht sein, und was mir für meinen Alltag vielleicht zu stressig ist, kann für mein kleines »Kunst«-Projekt ja ganz passend sein. Manche Leute brauchen gar keinen Kalender, anderen reicht ein kleiner Notizzettel für eine Woche, oder sie planen ganz genau, was sie in welcher Stunde des Tages machen möchten. Das ist einfach Geschmackssache, und ich finde, dass es neben der Tatsache, dass ein gutes System einem wirklich den Hintern retten kann, auch einfach Spaß macht, sich damit auseinanderzusetzen.

Neben meinem Kalender arbeite ich dann noch mit einer Reihe an Listen. Auch die haben sich über die Jahre hinweg verändert, aber drei davon haben sich bis jetzt gehalten. Die erste Liste ist die einzige, die noch aus Papier besteht: meine To-do-Liste. Neben den großen Terminen im digitalen Kalender fallen noch einige kleinere Sachen an, an die ich denken muss. Telefonate, die erledigt werden wollen, Mails, die ich dringend beantworten muss, oder auch so Dinge wie Wäsche waschen oder den Müll runterbringen. Meine To-do-Listen schreibe ich besonders gern auf alte Diddl-Blätter. Eine kleine Sammlung besonders schöner Exemplare habe ich behalten, und den Rest davon benutze ich fast täglich. Die kleinen Mäuse, Teddys und Pferde machen mir echt gute Laune, und das liegt nicht nur daran, dass das Blatt, auf dem Diddl und Diddlina Kekse backen, auch nach fünfzehn Jahren noch genauso riecht wie früher. Die anderen beiden Listen sind in der Notizen-App in meinem Handy. Die erste ist eine Einkaufsliste, die ich dann im Supermarkt abhaken kann und dort einen Haufen Zeit spare. Wenn ich sie nicht schreibe, kaufe ich am Ende auch nur die Hälfte der Sachen, die ich tatsächlich brauche, und dafür viel zu viel Kram, aus dem sich dann kein vernünftiges Gericht zusammenbauen lässt. Die zweite Notiz ist für meine Finanzen da. Ich schreibe mir jeden Monat meine Einnahmen und Ausgaben auf, und alles, was ich bar bezahle, tippe ich direkt in die Notiz in meinem Handy. Ich finde das sehr praktisch, weil ich dann am Monatsende sehen kann, für welchen Bereich ich besonders viel ausgegeben habe und wo ich vielleicht Geld sparen könnte. Wenn ich mir meinen Tag im Kalender anschaue und plane, was ich alles erledigen möchte, habe ich gelernt, realistisch zu bleiben. Lieber nur drei Punkte auf die To-do-Liste schreiben und die auch wirklich schaffen als zehn Punkte, für die der Tag dann einfach nicht genug Stunden hat. Das demotiviert nur und bringt mich nicht weiter. Ich mag es außerdem, schon am Vorabend zu planen, was ich am nächsten Tag tun möchte. Das gibt mir ein organisiertes Gefühl, und ich kann entspannter schlafen gehen.

ALLTAGSROUTINEN

Selfcare ist nicht nur für besonders miese Tage gedacht, wir können sie auch regelmäßig in unseren Alltag einbauen. Das kann dabei helfen, dass unser Stresslevel gar nicht erst an einen Punkt kommt, an dem der Kopf seinen Notfallplan hervorkramen muss. Für mich hat es sich zuerst ein bisschen seltsam angefühlt, Selfcare und Zeitmanagement miteinander zu verbinden. Davor hatte ich mich immer intuitiv dafür entschieden, dass es jetzt gerade an der Zeit war, mich um mich selbst zu kümmern. Doch es stellte sich heraus, dass mein Kopf Regelmäßigkeit ziemlich gern mochte. Auch da tickt natürlich jede*r von uns anders. Ich entdeckte jedenfalls Morgen- und Abendroutinen für mich. Zuvor hatte ich das immer als Beauty-Blogger-Ding abgetan und nicht so richtig ernst genommen. Für mich waren diese Routinen immer mit komplizierten Abfolgen verschiedener Make-up-Produkte verbunden sowie mit der Zubereitung eines superaufwendigen Frühstücks, dessen Hauptkomponente seltsamerweise immer Agavendicksaft zu sein schien. Ich stellte dann aber fest, dass diese Routinen, wenn ich sie auf meine eigene Art und Weise gestaltete, eine sehr entspannte und bewusste Art sein konnten, den Tag zu beginnen und ihn zu beenden. Morgens und abends habe ich natürlich nicht immer gleich viel Zeit, deswegen musste ich ein wenig herumexperimentieren, bevor ich eine gute Routine für mich gefunden hatte.

Das sind die Dinge, die ich aktuell morgens und abends mache:

Morgenroutine

1 Für mich ist es morgens wichtig, nicht auf den Snooze-Button zu drücken, sondern direkt aufzustehen. Das klingt auf den ersten Blick vielleicht eher nach Folter als nach Selfcare, doch ich kann damit sicherstellen, dass ich morgens wirklich genug Zeit habe und den Tag nicht hektisch und gestresst beginnen muss. Außerdem musste ich mir eingestehen, dass die Minuten, die ich sonst durch den Snooze-Button dazugewonnen hatte, meist ohnehin nicht sonderlich entspannend gewesen waren. Schließlich hatte ich dabei ja immer im Hinterkopf, dass ich gleich doch aufstehen musste, und es einfach direkt zu tun, stresste mich deutlich weniger.

2 Damit mein Körper versteht, dass ich das mit dem Aufstehen auch wirklich ernst meine, ist es wichtig, dass ich mich bewege. Also strecke ich mich erst mal eine Runde, und da ich mich nach acht Stunden Schlaf auch oft wie eine Pflanze fühle, die man zu lang nicht gegossen hat, trinke ich danach noch ein Glas Wasser. #Stayhydrated und so.

3 Die nächste Sache, die ich für einen guten Start in den Tag brauche, ist frische Luft. Ich reiße also erst mal für zehn Minuten alle Fenster auf. Wenn Leute bei mir zu Besuch sind, freuen sie sich riesig über diese Gewohnheit! Besonders im Winter.

4 Auf dem Weg ins Bad schnappe ich mir dann mein Handy, allerdings nicht, um auf Instagram oder YouTube zu schauen. Ich versuche, die erste Stunde des Tages ohne Social Media zu verbringen. Das sorgt bei mir erfahrungsgemäß für bessere Laune, und ich vergesse auch nicht die Zeit, weil ich in einem Strudel aus Videos über süße Otterbabys hängen geblieben bin (Ereignis frei erfunden). Stattdessen höre ich lieber Podcasts oder Hörbücher, weil ich das gut nebenbei machen kann. Das ist vielleicht auch eine alte Gewohnheit, weil bei meiner Familie morgens im Bad immer das Radio läuft.

5 An Tagen mit wenig Zeit ziehe ich nach dem Zähneputzen direkt meine Klamotten für den Tag an, wasche mein Gesicht und creme es ein, entscheide mich für oder gegen Make-up und gehe dann weiter in die Küche, um Frühstück zu machen. Wenn ich mehr Zeit habe (und vielleicht auch noch mit einem superverspannten Rücken aufgewacht bin), wähle ich stattdessen die Sportklamotten. Yoga mache ich morgens einfach nach Gefühl. Mal sind es zehn Minuten, mal ist es eine Stunde. Je nachdem, was mein Körper und mein Kopf gerade so brauchen.

6 Ebenfalls eine Frage von »Hab ich da gerade Bock drauf?« ist der nächste Punkt: Meditation. Wenn ich gerade offen dafür bin, liebe ich das und starte danach entspannter in den Tag. An anderen Tagen fühle ich mich wohler mit dem Gedanken, jetzt sofort einen Schoko-Bananen-Smoothie zu trinken, und lasse den Schritt einfach aus.

7 Mein Frühstück besteht dann entweder aus besagtem Smoothie oder der Beerenvariante davon. Manchmal gibt es Brot mit Aufstrich, manchmal Müsli oder Porridge, und wenn ich sehr fancy unterwegs bin auch mal Tofu-Rührei mit Tomate und Champignons. Danach bin ich bereit, in den Tag zu starten!

Abendroutine

1 Auch für meine Abendroutine gibt es eine kürzere und eine längere Version. Wenn ich spät nach Hause komme und am nächsten Tag superfrüh raus muss, habe ich einfach nicht den Nerv für alle Schritte und kann mich auch nicht immer an den ersten Punkt halten: das Handy zwei Stunden vor dem Einschlafen zur Seite legen. Wenn ich zu Hause bin, klappt das ganz gut. Ausnahmen mache ich dabei natürlich für liebe »Gute Nacht«-Nachrichten. Falls ihr ganz stark seid, könnt ihr das Handy übrigens auch nachts in einem anderen Zimmer aufladen und erst am nächsten Morgen wieder draufschauen.

2 Eine Stunde vor dem Einschlafen versuche ich, neben dem Smartphone auch auf keine Bildschirme mehr zu schauen, um meinem Kopf die Möglichkeit zu geben, sich zu entspannen und müde zu werden. Trotzdem sitze ich natürlich nicht nur rum und starre gegen die Wand. Lieber lese ich oder telefoniere mit lieben Menschen. Da meine Freund*innen auf viele verschiedene Städte verteilt wohnen, ist das eine schöne Möglichkeit, auch außerhalb von Sprachnachrichten & Co. in Kontakt zu bleiben.

3 Eine Zeit lang habe ich jeden Abend eine Sache aufgeschrieben, die mich an dem jeweiligen Tag glücklich gemacht hat. Die konnte noch so klein sein, und ich fand es auch völlig okay, wenn meine Liste zwischendurch mal ein paar Tage lang nur eine Aufzählung von leckerem Essen war. Mir tat das gut, weil ich dann mit einem positiven Gedanken im Kopf eingeschlafen bin. Inzwischen mache ich das nicht mehr täglich, doch wenn ich mit irgendwas unzufrieden bin oder einen miesen Tag hatte, baue ich diesen Punkt immer noch ganz gerne in meine Abendroutine ein.

4 Danach geht's ins Bad. Meine Routine dort besteht ganz spektakulär aus Zähne putzen, Zahnseide verwenden, abschminken, Gesicht waschen, eincremen, fertig. Gerüchte besagen, dass ich sogar manchmal noch aufs Klo gehe. Diese gewagte These möchte ich an dieser Stelle jedoch weder bestätigen noch dementieren.

5) Nach einem entspannten Tag lege ich mich dann einfach ins Bett und schlafe ein. Wenn mein Kopf aber partout nicht die Klappe halten will, stelle ich einen Schlafmodus-Timer und lasse noch eine Viertelstunde lang ein Hörbuch oder einen Podcast laufen. Mein Kopf ist dann nämlich mit Zuhören beschäftigt und vergisst dabei komplett, dass er ja eigentlich gerade vor sich hin quasseln und sich Sorgen über irgendetwas machen wollte. Andere Leute hören besonders gern Meeresrauschen oder benutzen Ohrstöpsel, um komplette Stille zu haben. Es kann aber auch gut sein, dass ihr nichts davon braucht und auch nach einem anstrengenden Tag einfach so einschlafen könnt. Dann bin ich ehrlich gesagt ein kleines bisschen neidisch auf euch!

HABIT-TRACKER FÜR GUTE ANGEWOHNHEITEN

Mich an meine neuen Routinen zu gewöhnen, brachte anfangs einige Herausforderungen mit sich. Häufig war ich einfach zu faul, zu müde oder zu unmotiviert dafür. Doch je häufiger ich die Punkte dann doch umgesetzt hatte, desto klarer merkte ich, dass sie mir guttaten. Vor allem an den faulen, müden und unmotivierten Tagen. Wenn mal wieder ein Moment gekommen war, in dem ich mir so ein bisschen selbst in den Hintern treten wollte, haben mir »Habit-Tracker« dabei geholfen. Auch da müsst ihr schauen, ob das etwas ist, das euch unterstützt, oder ob ihr euch davon zu sehr unter Druck gesetzt fühlt. Ein Habit-Tracker funktioniert folgendermaßen: Ihr schreibt euch eine Sache auf, die ihr euch gern angewöhnen würdet, und malt darunter eine Reihe kleiner Kästchen. Eins für jeden Tag im Monat. Die beschriftet ihr dann mit den Zahlen 1 bis 31. Sobald ihr die Sache, die ihr euch angewöhnen wollt, dann am jeweiligen Tag erledigt habt, dürft ihr das Kästchen ausmalen.

Dadurch seht ihr ganz klar und bildlich vor euch, wie oft im Monat ihr die jeweilige Sache gemacht habt. Falls euch Kästchen dabei zu unkreativ sind, könnt ihr auch 31 andere Dinge malen und sie nummerieren. Ich habe beispielsweise schon gesehen, dass Leute dafür eine Lichterkette mit 31 kleinen Glühbirnen gezeichnet haben oder einen Blumenstrauß, bei dem dann für jeden Tag eine neue Blume ausgemalt werden konnte.

Theoretisch kann man so einen Habit-Tracker auch dafür verwenden, mehrere Vorsätze gleichzeitig im Blick zu behalten. Ich finde es aber nachhaltiger, sich nur auf eine Sache zu konzentrieren und sie erst einen Monat lang durchzuziehen, bevor man die nächste dazupackt.

Wenn ich einen Habit-Tracker benutze, überprüfe ich außerdem regelmäßig, ob die Sachen darauf denn überhaupt noch Sinn ergeben und wo die Übung vielleicht schon ihren Zweck erfüllt hat. Wenn ich etwas bereits automatisiert mache, muss ich ja nicht jeden Tag ein Kästchen dafür ausmalen. Obwohl das natürlich auch ganz motivierend sein kann und einem das Gefühl gibt, am jeweiligen Tag etwas Gutes geschafft zu haben. Falls ihr den Habit-Tracker gern mal ausprobieren möchtet und noch nach Inspiration sucht, dann kommen hier ein paar Dinge, für die ich ihn genutzt habe.

1. Die erste Sache, die ich getrackt habe, war, wie viel Wasser ich trinke. Das klingt jetzt vielleicht ein bisschen seltsam, weil Trinken ja eigentlich etwas ist, das die meisten Leute ganz automatisch machen. Ich hab das aber häufig einfach vergessen, und meine Nieren fanden das leider nicht ganz so cool. Deswegen habe ich mich mit Hilfe des Habit-Trackers daran erinnert, mindestens zwei Liter Wasser pro Tag zu trinken.

2. Wenn ich eine richtig spannende Serie schaue, fällt es mir manchmal schwer, den Fernseher auszuschalten und ins Bett zu gehen. Weil ich aber leider trotzdem regelmäßig früh aufstehen muss und gelernt habe, wie gut ein halbwegs stabiler Schlafrhythmus für mich ist, wäre es eigentlich wichtig, dass

ich spätestens um 23 Uhr schlafen gehe. Das Kästchen dafür im Habit-Tracker anzumalen, hat mir dabei geholfen, das tatsächlich einzuhalten und nicht jeden Tag begeistert »Ach komm, nur noch eine Folge!« zu rufen. An manchen Tagen mache ich das ehrlich gesagt trotzdem noch, aber das finde ich okay. Meiner Meinung nach muss man auch nicht unnötig streng mit sich selbst sein, und der Habit-Tracker ist etwas, das einem helfen und einen nicht verrückt machen sollte. Manchmal sind ja auch schon kleine Schritte in die Richtung, die man sich wünscht, eine gute Sache, und es muss nicht immer alles direkt total perfekt laufen.

3 Eine nicht ganz unwichtige Sache, die ich mir in meiner Unizeit angewöhnt habe, ist, spätestens alle zwei Tage das Geschirr abzuspülen. In meiner Anfangszeit im Wohnheim habe ich das nämlich so oft vercheckt, dass ich es echt regelmäßig geschafft habe, dass die Essensreste auf meinem Geschirr in der Spüle verschimmelt sind. Man könnte das jetzt positiv formulieren und sagen, dass sie damit wenigstens fleißiger gewachsen sind als meine Topfpflanzen. Ehrlich gesagt, war ich dann aber doch ganz froh, als ich das irgendwann mal im Griff hatte.

4 Täglich Zahnseide benutzen! Vielleicht steht dieser Punkt hier auch nur, weil bei mir morgen ein Zahnarzttermin im Kalender steht und ich Angst vor der Standpauke habe.

10 TIPPS GEGEN UNNÖTIGEN STRESS

Nachdem ich mich eine Weile mit dem Thema Zeitmanagement beschäftigt hatte, stellte ich fest, dass mein Alltag oft unnötig stressig war. Daher habe ich hier, weil's so schön ist, noch eine weitere Liste mit zehn Tipps für euch:

1. Statt eine Aufgabe völlig planlos auf den ganzen Tag zu verteilen, ist es häufig besser, sie einmal ganz gezielt am Stück zu erledigen. Ein gutes Beispiel dafür sind Mails. Das hektische Eichhörnchen kennt ihr inzwischen ja bereits. Das kam bei mir früher immer dann zum Vorschein, wenn ich eine Mail oder alternativ auch eine WhatsApp-Nachricht oder einen neuen Instagram-Kommentar erhielt. Die musste ich dann sofort lesen, und die Aufgabe, die ich gerade eigentlich erledigen wollte, war komplett vergessen. Nachdem ich die jeweilige Nachricht beantwortet hatte, brauchte ich ewig, um bei meiner eigentlichen Aufgabe wieder den roten Faden zu finden. Kaum hatte ich das dann geschafft, kam auch schon die nächste Mail, und so ging dieser lustige Kreislauf dann den ganzen Tag lang weiter. Hier hilft es mir, feste Zeiträume für die Mails zu reservieren. Ich nehme mir jeweils vormittags und nachmittags eine halbe Stunde dafür, was in den meisten Fällen vollkommen genügt. Falls dann doch jemand wirklich ganz dringend etwas von mir braucht, kann die Person mich ja immer noch anrufen.

2. Um meine Mails übersichtlicher zu gestalten, nahm ich mir einen Nachmittag lang die Zeit, sämtliche Newsletter abzubestellen. Da hatte sich über die Jahre nämlich ungewollt ein ganz schön großer Haufen unnötiger Kram angesammelt. Ich wollte künftig gern mit einem Blick in mein Postfach die wirklich wichtigen Dinge sehen, statt mit Sonderangeboten und langweiligen Produktinformationen überschüttet zu werden.

3 Ich stellte die Push-Notifications auf meinem Smartphone aus. Dadurch sehe ich meine neuen Mails, YouTube- und Instagram-Kommentare erst dann, wenn ich die jeweilige App gezielt öffne. Das mache ich dann zwar immer noch recht regelmäßig, so ist das nun mal mit Gewohnheiten, aber es passiert schon deutlich seltener und ich kann entspannter und konzentrierter arbeiten.

4 Da ich nun ohnehin schon dabei war, mich mit meinen Apps zu beschäftigen, nutzte ich die Gelegenheit auch direkt dafür, sie auszusortieren. Ich behielt nur das, was ich wirklich brauchte, und erstellte ein paar Ordner, um thematisch passende Apps darin zusammenzufassen. Am Ende blieben dadurch nur noch übersichtliche zwei Seiten übrig, die auch nur mit vier, statt sechs Reihen an Apps gefüllt sind. Dadurch fühle ich mich direkt weniger erschlagen, wenn ich mein Smartphone entsperre.

5 Ich lege inzwischen regelmäßig einen »Catch-up-Day« ein, an dem ich all die Dinge mache, die sonst im vollen Alltag gern mal untergehen. Ich mache an diesen Tagen Arzttermine aus, gehe zur Post oder zum Baumarkt, putze meine Schuhe oder entkalke endlich mal den nervigen Wasserkocher.

6 Eine weitere Sache, für die ich mir nun regelmäßig Zeit nehme, sind Back-ups. Unterschwellig hatte ich ständig Angst gehabt, dass etwas von meinem Laptop oder meinem Handy verschwinden könnte, also kaufte ich mir eine externe Festplatte, auf der ich alles absicherte. Okay, wenn ich ehrlich zu euch bin, war ich so paranoid, dass ich zwei Festplatten kaufte und eine davon bei meinen Eltern lagerte. Nur für den Fall, dass meine Wohnung abbrennen sollte, denn dann war es definitiv das Wichtigste, dass meine Babyfotos in Sicherheit waren!

7 Ich vermeide Multitasking. Der größte Brocken war da definitiv nach dem Abschalten der Notifications getan, aber auch so versuche ich, erst eine Aufgabe komplett zu erledigen, bevor ich mich der nächsten widme. Das war zu Beginn ein wenig ungewohnt, doch ich schaffe dadurch im Endeffekt tatsächlich mehr.

8 Wenn ich manchmal keine Lust auf eine Aufgabe habe, setze ich mich deswegen gern mal unter Druck oder mache mir selbst Vorwürfe. Auch daran versuche ich zu arbeiten, indem ich mir selbst sage, dass ich es einfach mal zehn Minuten lang probiere und aufhören kann, wenn ich danach immer noch keine Lust darauf habe. Damit trickse ich mich in den meisten Fällen selbst aus, denn nach zehn Minuten bin ich dann doch schon so sehr in der jeweiligen Sache drin, dass es total okay für mich ist, sie komplett zu machen.

9 Alles zu seiner Zeit. Für mich war es wichtig, die richtigen Uhrzeiten für verschiedene Aufgaben zu finden. Vormittags arbeite ich am produktivsten, also erledige ich da am besten die Dinge, die mir Kreativität und Konzentration abverlangen. Sport, Haushaltskram und Termine außer Haus erledige ich lieber nachmittags und abends. Gerade beim Sport dauerte es eine Weile, bis ich das herausfand. Anfangs ging ich noch morgens zum Aerial Yoga, weil das irgendwie ein schöner und motivierender Start in den Tag war. Da mir das aber gleichzeitig die produktivste Zeit des Tages nahm, beschloss ich, lieber nur kürzer, im Rahmen meiner Morgenroutine zu Hause, Yoga zu machen und den längeren Sportkurs auf den Abend zu verlegen.

10 Pausen machen. Ich dachte lange Zeit, dass mich das unproduktiver machen würde, doch nach fünfzehn Minuten Ablenkung ist man wieder deutlich frischer im Kopf und schafft mehr, als wenn man sechs Stunden lang am Stück auf einen Bildschirm starrt.

10 DINGE, DIE ICH ÜBERS LERNEN GELERNT HABE

Auch wenn euch einige der Punkte in den letzten Kapiteln vielleicht nicht betroffen haben, ist Lernstress eine Sache, die vermutlich alle von uns kennen. Egal ob in der Schule, der Ausbildung oder an der Uni, irgendwann ist der Punkt gekommen, an dem man vor einem riesigen Berg an Lernstoff sitzt und sich fragt, wie zur Hölle man das denn jetzt alles in so kurzer Zeit in den Kopf bekommen soll. Ich spreche hier hauptsächlich über die Schule und die Uni, weil das der Weg ist, den ich gegangen bin. Über die Themen Berufsschule und Ausbildung kann ich leider nicht viel sagen, aber ich bin mir sicher, dass es da auch einige Überschneidungen gibt.

In der Schulzeit hatte ich persönlich jedenfalls absolut keinen Plan von Zeitmanagement. Ich war so eine Kandidatin, die bei Überraschungstests immer in letzter Sekunde panisch den Eintrag der letzten Stunde durchgelesen hat, um sich noch ganz schnell möglichst viele Infos ins Kurzzeitgedächtnis zu kloppen. Außerdem war ich ein großer Fan der Philosophie »Wenn ich nicht an die Klausur denke, dann wird sie bestimmt auch nicht stattfinden«. Oh, der Klassiker: Verdrängung. (Das bitte in der Stimme der Haie von »Findet Nemo« lesen.) Ebenfalls zu meinen Spezialitäten gehörten Abfragen zu Beginn der Stunde. Wenn ich da wieder mal vergessen hatte, mich vorzubereiten, und das Risiko groß war, dass ich drankommen könnte, legte ich mich gern einfach mal für eine Viertelstunde ins Krankenzimmer der Schule. Ich gab dann vor, Bauchschmerzen zu haben, und erst wenn ich das Gefühl hatte, dass die Abfrage jetzt vorbei sein musste, verließ ich das Krankenzimmer, um zurück zu meiner Klasse zu gehen. Damit bin ich natürlich kein sonderlich gutes Vorbild, aber ich möchte eben gern ehrlich zu euch sein. Auch wenn ich trotz allem gut durch die Schulzeit kam und den Studienplatz bekam, den ich mir gewünscht hatte, ist das echt keine Taktik, die ich euch empfehlen kann.

Spätestens an der Uni ist dann nämlich der Punkt erreicht, an dem dieses Verhalten ganz schön stressig wird. Dort habt ihr zwar größere Freiheiten, es gibt keine Überraschungstests mehr, und ihr könnt in vielen Studiengängen mangels Anwesenheitspflicht sogar selbst entscheiden, ob ihr zu euren Vorlesungen gehen wollt oder nicht. Diese neuen Möglichkeiten sind gleichzeitig aber auch ganz schön gefährlich, denn sie können dafür sorgen, dass ihr euch so richtig schön verzettelt. Ich habe beispielsweise direkt im ersten Semester beschlossen, dass die Vorlesung, die am Montag zu nachtschlafender Zeit (also um acht Uhr morgens) stattfand, auch prima ohne meine Anwesenheit auskommen konnte. Am ersten Termin nahm ich noch teil, dort stellte ich dann aber fest, dass ich in meinem Bett viel entspannter und bequemer schlafen konnte als im Hörsaal. Der Professor, der die Vorlesung hielt, hatte praktischerweise keine Anwesenheitsliste, auf der man sich hätte eintragen müssen. Was er dafür aber hatte, war ein Buch. Das drehte sich exakt um sein Vorlesungsthema, und er selbst hatte es geschrieben und veröffentlicht. Dieses Buch kaufte ich mir dann einfach kurz vor der Klausur, las es und bestand. Wie genau das damals funktioniert hat, ist mir bis heute ein Rätsel. Was ich allerdings sicher sagen kann, ist, dass es sehr viel entspannter gewesen wäre, einfach zur Vorlesung zu gehen. Dort hätte ich dann auch noch viele zusätzliche Infos bekommen, die nicht im Buch gestanden hatten und die mir dann in der Prüfung fehlten.

Im ersten Semester mogelte ich mich so noch irgendwie durch, aber es kam Woche für Woche neuer und immer schwierigerer Stoff dazu. Die meisten meiner Dozenten (das ist hier übrigens absichtlich die männliche Form, ich hatte tatsächlich keine einzige Dozentin) hatten auch leider kein Buch über ihre Vorlesung geschrieben. Die Präsentationen und Stichpunkte, die sie auf unsere Lernplattform stellten, waren auch nicht das Wahre und reichten nicht, um vernünftig damit zu arbeiten. Blöderweise funktionierte auch meine Schultaktik »Anwesend sein, zuhören und hoffen, dass irgendwie genug in meinem Kopf hängen bleibt« auf diesem Niveau nicht mehr so richtig. Daher war ich wohl oder übel dazu gezwungen, etwas zu verändern. Ich musste mir beibringen, wie man eigentlich richtig lernt, welche Strategie für mich persönlich am besten funktioniert und wie viel Zeit ich für welchen Schritt benötige.

Falls bei euch die Themen Lernen und Klausurvorbereitung ähnlich planlos verlaufen wie bei mir damals, dann kommen jetzt zehn Dinge, die ich übers Lernen gelernt habe.

❶ Genug Schlaf

Ich war morgens in der Schule oder in der Uni immer total müde und habe die ersten Stunden deswegen gern mal mit dem Kopf auf dem Tisch verbracht. Der Grund dafür war, dass ich abends einfach zu lang wach geblieben bin und fast nie die sieben bis neun Stunden Schlaf bekommen habe, die ich eigentlich gebraucht hätte. Es gab immer noch ein YouTube-Video, das ich mir anschauen wollte, ich telefonierte stundenlang mit meinen Freund*innen und war regelmäßig bei verschiedenen Veranstaltungen und WG-Partys zu Gast. Diese Dinge waren mir sehr wichtig, und auch meinem Kopf tat es gut, rauszukommen, Abwechslung zu haben und einfach mal abschalten zu können. Ich wollte also auf keinen Fall einfach »Ciao, Sozialleben!« sagen und jeden Abend brav um 22 Uhr ins Bett gehen. Trotzdem habe ich versucht, ein bisschen Ordnung in diesen Punkt zu bekommen und mich auf die Dinge zu konzentrieren, die mir wirklich wichtig waren. Die YouTube-Videos liefen nicht davon und konnten gern auch mal bis zum nächsten Tag warten, und mit meinen Freund*innen verabredete ich mich manchmal einfach eine Stunde früher zum Telefonieren. Bei WG-Partys gehörte ich ohnehin nie zu den Leuten, die bis frühmorgens blieben, dann drei Tassen Kaffee runterkippten und so direkt weiter zur Vorlesung gingen. Trotzdem achtete ich ab dem Zeitpunkt darauf, eher zu den Partys und Veranstaltungen zu gehen, die in meiner Nähe stattfanden und für die ich danach nicht noch zwei Stunden lang mit der langsamsten Regionalbahn der Welt durch die Gegend gurken musste. Es war keine extreme Umstellung, die ich damals gemacht habe und die mir den ganzen Spaß weggenommen hätte.

Es waren nur Kleinigkeiten, die aber wirklich gut funktioniert haben. 8-Uhr-Vorlesungen fand ich immer noch mies, aber wenigstens lag mein Kopf dabei jetzt nicht mehr auf dem Tisch, sondern aufgestützt auf meinen Händen. Keine großer Schritt, aber man tut, was man kann.

2 Die Zeit sinnvoll nutzen

Wo wir schon beim Kopf auf dem Tisch wären: Während meiner Schulzeit habe ich mich ständig abgelenkt, statt zuzuhören. Wenn ich gerade nicht geschlafen habe, habe ich Kurzgeschichten geschrieben, mein Hausaufgabenheft bemalt oder einfach nur tagträumend aus dem Fenster geschaut. Besonders im Matheunterricht, wo ich mir sicher war, dass ich ohnehin nichts verstehen würde. Dabei wären das eigentlich genau die Stunden gewesen, in denen es wirklich geholfen hätte, aufmerksam zu sein. Ja, das ist eine totale Klugscheißer-Aussage und mein 14-jähriges Ich hätte mir dafür ziemlich sicher ihr Federmäppchen an den Kopf gepfeffert, aber es stimmt halt leider wirklich. Wenn ich heute noch mal zur Schule gehen würde, dann würde ich das Ganze also umdrehen: Im Unterricht aufpassen und versuchen, so viel wie möglich zu verstehen, und zu Hause in Ruhe meine Kurzgeschichten schreiben. Mit meiner damaligen Taktik konnte ich nämlich beides nicht so richtig machen, und das war kein gutes Gefühl. In der Schule konnte ich mich nicht auf kreative Dinge konzentrieren, weil ich ständig Gefahr lief, dabei erwischt zu werden und Ärger zu bekommen. Zu Hause, wo ich endlich ganz entspannt die Möglichkeit dazu gehabt hätte, musste ich dann aber blöderweise versuchen, die Dinge nachzuholen, die ich im Unterricht verpasst hatte, weil ich sonst im nächsten Test nur planlos aufs leere Blatt starren würde. Selbst wenn ich diese Sorgen zur Seite zu schieben versuchte und zu Hause einfach weiter an den Kurzgeschichten schrieb, saß mir doch ständig das schlechte Gewissen im Nacken und verhinderte, dass ich mein Hobby so richtig genoss. Auch wenn ich sehr gut verstehe, dass mein Teenager-Ich wirklich absolut keinen Bock hatte, aufzupassen, und einfach das tun wollte, worauf es gerade Lust hatte, hätte mir das Motto »Jetzt sitze ich eh schon hier, dann kann ich die Zeit auch sinnvoll nutzen« sehr viel Stress erspart. Im Endeffekt hätte ich deutlich mehr Zeit für meine Hobbys gehabt, hätte bestimmt bessere Geschichten geschrieben, und man munkelt sogar, dass Schulstunden durchs Zuhören und Mitarbeiten schneller vergehen und sich nicht wie Kaugummi ziehen. Okay, spätestens das wäre jetzt der Moment gewesen, in dem Teenager-Lisa nicht nur mit dem Federmäppchen, sondern auch noch mit ihrem Mathebuch geworfen hätte.

③ Fragen stellen

Fragen zu stellen, war für mich früher ein ganz schwieriges Thema. Irgendwie hatte ich immer Angst, dass ich dadurch dumm wirken würde und meine Lehrer*innen und Mitschülerinnen sich denken mussten »Wow, wie kann man das denn nicht wissen?«. Deswegen hielt ich einfach den Mund und hoffte, dass irgendjemand anderes dieselbe Frage hatte und sie stellen würde oder dass das Ganze einfach aus heiterem Himmel noch mal erklärt wurde. Inzwischen bin ich, wenn ich etwas nicht verstehe, die Erste, die nachfragt oder zur Öko-Suchmaschine ihres Vertrauens greift und den Begriff eingibt. Die Möglichkeit gab es zu meiner Schulzeit noch nicht, zumindest nicht auf dem Smartphone. Klar, ich hätte mir die Sache natürlich merken und dann zu Hause den Computer benutzen können. Doch dafür war ich leider zu unorganisiert und auch einfach ganz klar zu faul. Falls ihr noch zur Schule oder zur Uni geht, würde ich euch raten, möglichst viele Chancen für Nachfragen zu nutzen. Das geht in den meisten Fällen auch schneller, als im Internet zu recherchieren, weil man sofort eine konkrete Antwort bekommt und sich nicht erst seitenweise durch irrelevante Infos wühlen muss. Außerdem zeigt ihr euren Lehrer*innen oder Dozent*innen damit, dass ihr euch für das Thema interessiert, und verhindert, dass ihr für den Rest der Stunde nur Bahnhof versteht. Irgendwo im Raum, vorzugsweise in der letzten Reihe, gibt es immer irgendeine ängstliche Lisa, die euch sehr dankbar dafür ist, dass sie sich nicht melden muss.

4 Mitschreiben

Wenn ihr noch zur Schule geht, kann es sein, dass ihr jetzt kurz davor seid, einfach weiterzublättern, weil ihr denkt, dass euch dieses Thema noch nicht betrifft. Ehrlich gesagt glaube ich aber, dass es echt hilfreich ist, sich damit schon in der Schulzeit zu beschäftigen. Ich weiß nicht, wie eure Hefteinträge so aussehen, aber die paar Zeilen, die ich früher aufgeschrieben habe, waren echt nicht so das Gelbe vom Ei. Wenn ich dann für eine Klausur lernen musste, dachte ich mir oft: »Na toll, was soll ich damit denn bitteschön anfangen?« Das lag daran, dass ich immer nur genau das mitgeschrieben habe, was an der Tafel stand. Das war mal mehr, mal weniger. Je nachdem, wie motiviert unsere Lehrer*innen gerade waren. Bei denjenigen, die auf Folien schrieben, fiel dann zudem gern mal der Overhead-Projektor aus, und wenn der dann auch nach mehreren liebevollen Fußtritten nicht wieder ansprang, gab es bei uns auch mal Stunden, in denen der Hefteintrag einfach mittendrin aufhörte. Ich hoffe ja, dass es an den Schulen inzwischen bessere Technik gibt und dass ihr dadurch auch auf coolere Art und Weise lernen könnt. Eigentlich ist es aber egal, ob etwas angeschrieben ist, es euch nur erzählt wird oder ihr im Unterricht ein Video dazu anschaut: Eigene Mitschriften zu haben, ist immer eine praktische Sache. Damit meine ich übrigens nicht, dass ihr jedes Wort aufschreiben müsst, das eure Lehrer*innen oder Dozent*innen sagen. In meinen ersten Univorlesungen dachte ich das noch und war total überfordert, weil ich mir nie ganz sicher war, ob ich jetzt lieber zuhören oder schreiben sollte. Eine Zeit lang hab ich mich dann nur aufs Zuhören verlassen, um überhaupt irgendwas mitzubekommen. Dann habe ich nur die fünf Stichpunkte mitgeschrieben, die auf der Präsen-

tation meines Dozenten standen und habe gehofft, dass die irgendwie reichen würden. Beide Methoden haben leider nicht so richtig funktioniert, und nach einigem Hin-und-her-Probieren merkte ich, dass wieder einmal der Mittelweg die beste Lösung war.

Egal ob in der Schule oder im Studium, es hilft, erst mal den Punkt von der Folie oder Tafel abzuschreiben, der gerade besprochen wird. Wenn die Folien vorher online einsehbar waren, haben sie in meinen Vorlesungen auch viele Leute einfach ausgedruckt und mitgebracht. Dann könnt ihr euch aufs Zuhören konzentrieren und darauf achten, welche Dinge die Lehrer*innen oder Dozent*innen besonders betonen oder häufig nennen.

In meinen Vorlesungen gab es meistens haufenweise Namen, Zahlen und Fakten, die aber nur einmal kurz am Rande vorkamen oder benutzt wurden, um eine andere Sache zu erklären. Das sind dann die Dinge, die ihr nicht unbedingt aufschreiben müsst. Es braucht ein bisschen Übung, um herauszufinden, welche Punkte besonders wichtig sind und welche man getrost weglassen kann. Mit der Zeit bekommt ihr aber ein Gefühl dafür und könnt das Ganze besser einschätzen. Das ist natürlich ein zusätzlicher Aufwand, aber auch hier gilt wie bei Punkt 2: Ihr müsst ja eh da sein, also könnt ihr die Zeit auch sinnvoll nutzen. Wenn ihr dann zu Hause einen Hefteintrag habt, den ihr wirklich versteht und mit dessen Inhalt ihr etwas anfangen könnt, dann lernt ihr auch schneller und habt mehr Freizeit.

5) Ablenkung

Oh, das ist ein schwieriger Punkt und wahrscheinlich der scheinheiligste Ratschlag von mir. Das ist das Alice-im-Wunderland-Prinzip: Ich wusste ganz genau, wie wichtig es war, mich nicht ablenken zu lassen, habe mich aber viel zu oft selbst nicht daran gehalten. Dass ich gern geträumt oder Geschichten geschrieben habe, wisst ihr bereits. Dazu kam dann auch noch, dass ich grundsätzlich neben der Freundin saß, die am meisten gequatscht hat. Wir haben uns leidenschaftlich gern mit »Käsekästchen« und »Schiffe versenken« vom Unterricht abgelenkt oder verrückte Theorien darüber gesponnen, welche seltsamen Hobbys unsere Lehrer*innen wohl hatten und ob sie sich in ihrer Freizeit vielleicht zum Boulespielen trafen. Die Vorstellung war in dem Moment wirklich witzig.

In der Uni wurde es nicht besser. In den ersten Wochen waren alle zwar noch ganz ehrfürchtig und aufmerksam, aber schon kurz danach hatte ich mit zwei meiner neuen Freunde ein Spiel erfunden, bei dem wir uns gegenseitig per WhatsApp die verrücktesten Begriffe hin- und herschickten, die in der Vorlesung fielen. Außerdem wurde in meiner Reihe auch regelmäßig Bullshit-Bingo gespielt. Dabei schmuggelte jeder Spieler verbotenerweise eine Flasche Bier mit in den Hörsaal. Wann immer unser Dozent dann einen seiner Lieblingssätze von sich gab (»Das ist jetzt aber wirklich klausurrelevant« oder »Hierbei handelt es sich lediglich um anekdotische Evidenz!«), wurde heimlich ein Schluck getrunken. Da ich selbst keinen Alkohol trinke, wurde ich zur Schiedsrichterin auserkoren und musste darauf achten, dass sich auch ja alle an die Bingoregeln hielten. Gleichzeitig aufzupassen, war da natürlich nicht mehr drin.

Ich erzähle euch diese Dinge, weil ich es ganz normal und okay finde, diese zehn Punkte hier nicht perfekt umzusetzen oder sich auf alle davon gleichzeitig zu konzentrieren. Mir ist es manchmal gelungen, mich nicht ablenken zu lassen, gut und strukturiert mitzuschreiben, und ich habe mich danach beim Lernen darüber gefreut. An anderen Tagen habe ich aus meinen Vorlesungen aber auch nur den aktuellen Bingopunktestand mitgenommen. Das war kurz vor der Klausur eher unpraktisch, dafür gehört es aber auch zu den lustigsten Erinnerungen, die ich an meine Unizeit habe. Ablenkung spielt übrigens auch beim Lernen zu Hause eine große Rolle. Mir hilft es da, das Handy entweder auf Flugmodus zu stellen oder es sogar in einen anderen Raum zu legen. Um nicht zu cheaten und Instagram am Laptop zu verwenden, schalte ich auch gern mal das WLAN komplett aus. Der Router steht in einem anderen Zimmer, und es ist daher eine größere Hürde »doch noch mal ganz kurz« irgendwas auf Social Media nachzuschauen.

6 Die richtige Lernmethode

Beim Lernen ist es wichtig, die Methode zu finden, die für euch persönlich am Besten funktioniert. Dabei geht es zunächst einmal um die Frage, mit welchem Sinn ihr besonders gut lernt. Ich habe euch ja schon erzählt, dass es mir sehr schwerfällt, mich auf Texte zu konzentrieren, und dass ich durch das kleinste Geräusch aus meiner Konzentration gerissen werde. Trotzdem habe ich mich jahrelang damit gequält, meine Einträge und Vorlesungsmitschriften wieder und wieder durchzulesen. Erst als ich die Schnauze voll davon hatte, dass die Wörter und Sätze vor meinen Augen ständig zu einem einzigen Brei verschwammen und keinen Sinn mehr ergaben, suchte ich nach anderen Wegen. Ich fand auf YouTube Erklärvideos und Dokumentationen zu den jeweiligen Themen. Die halfen mir dann dabei, mir Dinge bildlich vorzustellen, und die meisten von ihnen bestanden zudem nicht nur aus trockener Theorie, sondern auch aus vielen anschaulichen Beispielen.

Bei meiner Freundin Ella funktioniert das Lernen besonders gut, wenn sie die Dinge »durch die Hand gehen lässt«. Sie schreibt sie also mehrmals hintereinander auf und kann sie sich dadurch besser merken. Von ihr habe ich auch den Tipp bekommen, mir alles Wichtige zu einem Thema aufzuschreiben, es mir dann in einer Sprachnachricht vorzulesen und die immer wieder anzuhören.

Wenn ihr noch nicht wisst, was für euch am besten funktioniert, dann würde ich euch raten, einfach mal verschiedene Methoden auszuprobieren und zu testen, ob ihr Lesen, Schreiben, Hören oder Sehen besser findet. Vielleicht ist es auch eine Kombination aus mehreren Sinnen. Bei mir funktioniert beispielsweise sowohl Hören als auch Sehen.

Neben den Sinnen ist natürlich auch noch die Umgebung wichtig, in der ihr lernt. Ich schreibe dieses Buch hier, wie ihr wisst, mit Noise-Canceling-Kopfhörern und Wellenrauschen auf den Ohren. Vielleicht braucht ihr aber auch komplette Stille oder mögt es gern, wenn Musik im Hintergrund läuft. Ordnung ist dann auch noch so ein Thema. Bei mir muss immer der Schreibtisch aufgeräumt sein, weil sich mein Kopf sonst nur noch auf die Sachen konzentriert, die weggeräumt werden müssen. Er gibt erst dann Ruhe, wenn alles ordentlich und am richtigen Platz verstaut ist. Falls ihr nicht gern zu Hause oder allein lernt, dann sind vielleicht auch Bibliotheken oder Lerngruppen eine gute Möglichkeit für euch. Es ist völlig normal, wenn es eine Weile dauert, bis ihr da die richtige Kombination gefunden habt, und nur weil etwas für andere funktioniert, muss es nicht automatisch der beste Weg für euch sein. Ich war beispielsweise in einem Semester in zwei Lerngruppen, mit denen ich mich regelmäßig getroffen habe. Im Nachhinein hat sich herausgestellt, dass das für die anderen super funktioniert hat. Ich hingegen habe dadurch aber tatsächlich schlechtere Noten geschrieben als in den Klausuren, für die ich allein gelernt habe. Ich ließ mich einfach zu leicht vom Rest der Gruppe ablenken und konnte mich dann nicht mehr konzentrieren. Die gute Seite daran war, dass ich durch diese Lerngruppen richtig coole Leute kennengelernt habe, mit denen ich heute noch befreundet bin. Unsere WhatsApp-Gruppe heißt in Erinnerung an dieses denkwürdige Semester deswegen auch fünf Jahre später noch »Politik-Lerngruppe«. Inzwischen mit einem roten Herz dahinter.

7 Pausen für den Kopf

Da Verdrängung immer schon Teil meiner Lerntaktik war, habe ich immer erst kurz vor knapp begonnen, mir meine Unterlagen anzuschauen. Dann also, wenn es wirklich nicht mehr anders ging. Der Ablauf, der dann kam, war jedes Mal derselbe: Ich erschrak, wie viel Stoff es tatsächlich war (wer hätte damit auch rechnen können), warf wirr mit Zetteln um mich und versuchte alles halbwegs chronologisch zu sortieren. Die Zusammenfassung, die ich schrieb, war dann meistens immer noch fünfzig Seiten lang, und die versuchte ich dann zehn Stunden lang ohne Pause in meinen Kopf zu quetschen. Dass das nicht sonderlich effektiv war, erklärt sich von selbst. Allerspätestens nach drei Stunden merkte mein Kopf nämlich an, dass er gern mal ein bisschen durchatmen würde. Eine Pause konnten wir uns aber doch gar nicht leisten! Also arbeitete ich weiter, bis mir die Augen zufielen, und hatte am nächsten Tag trotzdem nur noch einen Bruchteil der Dinge im Kopf, die ich gelesen hatte.

In den späteren Semestern änderte ich dann meine Taktik und erstellte mir einen Lernplan. Davor war ich wirklich eine absolute Meisterin im Prokrastinieren und Aufschieben gewesen. Wann immer ich eigentlich lernen sollte, war plötzlich alles andere interessanter. Ich habe aufgeräumt, die Fenster geputzt, meine Bücher und irgendwann sogar meine Gewürze nach Farben sortiert. Meistens lag das gar nicht daran, dass ich zu faul zum Lernen war oder so viel mehr Lust auf die anderen Dinge hatte, sondern es hatte eher damit zu tun, dass mich der Berg an Arbeitsblättern und Büchern, der sich vor mir türmte, schlichtweg überforderte. Ich wusste einfach nicht, womit ich anfangen sollte, hatte kein Gefühl dafür, welcher Schritt wie viel Zeit in Anspruch nehmen würde, und da erschien mir die Sache mit den Gewürzen plötzlich sehr viel einfacher und machbarer. Blöderweise blieb die Zeit dadurch natürlich nicht stehen, und dann war es urplötzlich schon wieder kurz vor knapp. Ich wurde also erneut panisch, versuchte in Windeseile, so viel wie möglich in meinen Kopf zu quetschen, schlief schlecht und stresste damit nicht nur mich selbst, sondern ging auch noch sämtlichen Menschen in meinem Umfeld auf die Nerven. Ein Lernplan hätte, wenn ich mich denn dann auch an ihn gehalten hätte, sehr viel davon verhindern können. Dann hätte ich nämlich vom Tag der Klausur aus rückwärts gerechnet, in meinem Kalender nachgesehen, wie viel freie Zeit ich noch bis dahin hatte, und den Stoff dann in machbare Portionen eingeteilt. Wenn ich zusätzlich noch ein paar Tage Puffer eingeplant hätte für den Fall, dass ich krank werden sollte oder bei der Arbeit für jemand anderen einspringen musste, wäre die Zeit bis zur Deadline so viel entspannter gewesen.

Mit der Zeit lernte ich das dann glücklicherweise, und ich bekam auch ein besseres Gefühl für meine Aufmerksamkeitsspanne. Ich lernte also nicht mehr zehn Stunden lang am Stück, sondern

machte nach jeder Stunde eine viertelstündige Pause, in der ich das Fenster öffnete, eine Runde durchs Zimmer tanzte oder mir etwas zu essen holte. Dadurch konnte mein Kopf eine Runde durchatmen und danach mit neuer Energie zurück an die Arbeit gehen. Eine Stunde ist für mich ein Zeitraum, in dem ich mich gut konzentrieren kann. Ich kenne aber auch Leute, die mit der »Pomodoro-Technik« arbeiten. Das bedeutet, 25 Minuten lernen, 5 Minuten Pause machen. Nach drei Wiederholungen kommt dann eine etwas längere, etwa 15- bis 20-minütige Pause. Da muss, denke ich, auch jede*r für sich selbst die passenden Zeitfenster herausfinden. Mich hätte es beispielsweise zu sehr aus dem Konzept gebracht, schon nach 25 Minuten eine Pause zu machen. Dass es regelmäßige Pausen gab, war aber essentiell. Auch heute merke ich in meinem Job noch regelmäßig, dass Leute denken, Pausen würden ihnen nur Zeit stehlen. Dabei habe ich zumindest bei mir beobachtet, dass ich an einem Tag viel mehr erledigen kann und mich danach auch besser fühle, wenn ich mir diese Auszeiten nehme.

8 Keine Überraschungen

In der Uni war das nicht mehr der Fall, aber in der Schule haben wir regelmäßig unangekündigte Tests geschrieben. Ich war von ihnen immer völlig überrascht, und nur in den seltensten Fällen hatte ich mich vorbereitet. Ich musste mich dann also auf mein Kurzzeitgedächtnis verlassen. Obwohl ich damit meistens ganz gut durchkam, waren diese Tests immer mit Stress und einem »Scheiße-ich-kann-das-doch-alles-gar-nicht«-Gefühl verbunden. Das hätte ich mir mit ein bisschen Planung definitiv sparen können, und die hätte mich wahrscheinlich gar nicht mal so viel Zeit gekostet. So ganz genau lassen sich unangekündigte Tests natürlich nie vorhersagen, aber irgendwann habe ich dann auch mal verstanden, dass sie meistens am Ende eines Themengebiets kamen. Irgendwie logisch, aber ich hatte mir davor nie die Mühe gemacht, mir das Schulbuch näher anzuschauen. Dann hätte ich nämlich sehen können, wie viel Inhalt noch ungefähr bis zum nächsten Thema drankam. Das hätte mir dabei geholfen, gute Zeitpunkte für einen Test abzuschätzen und rechtzeitig daran zu denken, den Stoff zu lernen. Vielleicht kommt dieser Tipp für euch ja noch nicht zu spät, und ihr könnt eurem Kopf eine Menge unnötiger Panik ersparen.

9 Aus Fehlern lernen

Wenn ich früher in der Schule eine Klausur zurückbekam, ging mein Blick zuerst einmal nur auf die Note. War sie gut, freute ich mich, war sie es nicht, dann legte ich die Blätter zur Seite und war enttäuscht oder traurig. Was ich nur selten tat, war, mir meine Arbeiten danach noch mal näher anzuschauen und mich zu fragen, wo genau ich Fehler gemacht hatte. Klar, es machte nicht sonderlich viel Spaß, sich die eigenen Schwächen unter die Nase zu reiben. Doch ich hätte dadurch sicherstellen können, dass ich meine Fehler nicht noch mal wiederholte. In der Uni war die Hürde dafür dann noch höher. Da sah ich im Online-System nämlich nur noch eine Note und hätte zur Einsicht und Besprechung der Klausur extra einen Termin beim jeweiligen Dozenten ausmachen müssen. In späteren Semestern, als wir weniger Klausuren und dafür mehr Hausarbeiten schrieben, rang ich mich dazu dann doch ein paar Mal durch und stellte fest, dass ich oft nur Kleinigkeiten falsch gemacht hatte, die ich beim nächsten Mal leicht verhindern konnte. Formalitäten, Fehler im Aufbau und so weiter. Bei guten Noten fiel mir dieses Kontrolllesen natürlich leichter, und so gab ich mir für die Hausarbeiten, mit deren Bewertung ich nicht so ganz zufrieden war, immer noch ein bisschen mehr Zeit und Abstand. Natürlich behielt ich dabei trotzdem die Einsichtsfristen im Blick, doch manchmal wirkte es schon Wunder, wenn ich mir einfach eine Woche mehr Zeit dafür gab. Danach war ich offener für Kritik und bereit, es beim nächsten Mal besser zu machen.

⑩ Nicht die Schuld bei anderen suchen

In meiner Schulzeit hatte ich bei Klausuren oft das Gefühl, ungerecht behandelt zu werden. Meinen Mitschülerinnen ging es meist ähnlich, und zu unseren Lieblingssätzen gehörten deswegen »Die Lehrerin bewertet einfach viel zu streng« und »Sein Unterricht ist so langweilig und trocken, da ist es ja klar, dass wir alle schlechte Noten schreiben«.

Ich kann nicht für die anderen sprechen, aber über mich selbst weiß ich im Nachhinein zumindest, dass es mir hier oft leichter fiel, die Schuld auf andere zu schieben, als mir meine Fehler einzugestehen. Es mochte ja sein, dass die Lehrerin streng und der Unterricht langweilig war, aber letzten Endes würde diese Info am Ende nicht in meinem Zeugnis stehen. Da gab es dann nur den Namen des Fachs und daneben eine Note. Es brachte also nichts, derart viel Energie darauf zu verwenden, mich darüber zu beschweren, wie unfair das alles war. Stattdessen hätte ich lieber das Beste daraus machen sollen. Ich hätte mit der Lehrerin über die Punkte sprechen können, die ich als unfair empfunden hatte, und falls das nichts gebracht hätte, nach Möglichkeiten suchen können, wie ich die Inhalte auf anderem Weg spannender für mich gestalten und so besser lernen konnte. Dann hätte ich danach wenigstens sagen können, dass ich alles getan hatte, was in meiner Macht stand.

Damit möchte ich jetzt nicht sagen, dass ihr euch nicht wehren sollt, wenn ihr unfair behandelt werdet. Wenn sich z. B. herausstellt, dass eure Lehrer*innen Themen mit in die Klausuren genommen haben, die nicht im Unterricht vorgekommen sind, oder Dinge ganz anders bewerten, als sie das bei der Parallelklasse getan haben, würde ich euch auf jeden Fall raten, mit ihnen darüber zu sprechen. Falls das nichts bringt, habt ihr auch immer noch die Möglichkeit, euch mit anderen Leuten aus eurer Klasse zusammenzutun und zur Schulleitung zu gehen. Vielleicht könnt ihr dort auch vorschlagen, mal in eine Gesprächsrunde mit euren Lehrer*innen zu gehen und zu erzählen, welche Änderungen ihr euch wünschen würdet. Das Schulsystem ist alles andere als perfekt, und wenn ihr gute

Vorschläge habt, was man verbessern könnte, dann würde ich wenigstens versuchen, euch damit Gehör zu verschaffen.

Was mir bei diesem Punkt einfach nur wichtig ist, ist, sich immer ganz ehrlich zu fragen: Wurde ich in dieser Situation wirklich unfair behandelt, oder nutze ich das gerade nur als Ausrede, um von meinen eigenen Fehlern oder meiner schlechten Vorbereitung abzulenken?

Übung: Erstellung eines Lernplans

In den höheren Semestern habe ich mir an der Uni Lernpläne für Prüfungen und Hausarbeiten erstellt. Falls ihr organisierter seid als ich damals, könnt ihr die natürlich auch bereits in eurer Schulzeit nutzen. Falls ihr also auch gern mal mit einem Lernplan arbeiten möchtet, dann hilft es, wenn ihr euch zuvor folgende Fragen stellt:

- Welcher Lerntyp bin ich? (Schreiben, Lesen, Hören, Sehen)
- Zu welcher Tageszeit bin ich besonders produktiv?
- Wie lang kann ich mich am Stück konzentrieren?
- Welche Art von Pausen tut mir besonders gut? (Spaziergang, Sport, mit lieben Menschen telefonieren etc.)
- In welchen Bereichen brauche ich Hilfe, und wo bekomme ich sie? (YouTube-Lernvideos, Nachhilfe, Tutorium, Lerngruppen etc.)

Nachdem ich mich mit diesen Fragen auseinandergesetzt hatte, waren das hier die nächsten Schritte:

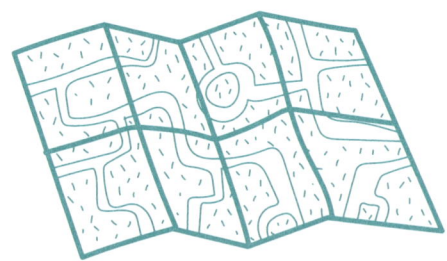

1 Wenn ihr für mehrere Fächer gleichzeitig lernen müsst, hilft es, wenn ihr euch für jedes Fach eine Farbe überlegt. So könnt ihr euren Lernplan übersichtlicher gestalten und direkt sehen, welches Fach wann dran ist.

2 Schreibt euch eine Themenübersicht für das jeweilige Fach. Die könnt ihr euch aus euren Mitschriften ableiten, aus dem Aufbau eurer Bücher oder in der Uni aus eurem Kursplan. Darauf stehen dann die Themen der jeweiligen Sitzungen, und ihr könnt sie auf die einzelnen Tage verteilen.

3 Um den Stoff möglichst gering zu halten, hilft es auch immer, noch mal nachzufragen, was denn jetzt wirklich klausurrelevant ist. Dabei läuft man zwar Gefahr, den Satz »Das hab ich doch schon tausendmal im Unterricht / in der Vorlesung gesagt« zu hören zu bekommen, doch manchmal werden dann doch überraschend noch mehr Themenbereiche ausgeschlossen als gedacht, und ihr könnt euch einen Haufen Arbeit sparen.

4 Schätzt das Maß dessen, was ihr an einem Tag schafft, realistisch ein und plant lieber mit etwas kleineren Portionen. Vor allem dann, wenn ihr mehrere Tage hintereinander lernt, ist euer Kopf am Anfang vielleicht noch ein bisschen fitter als an Tag sieben.

5 Denkt daran, euch alle Termine in euren Lernplan einzutragen, die schon feststehen. Also die Zeiten, die ihr in der Schule oder der Uni verbringt, die für euren Nebenjob draufgehen oder für andere Dinge, die ihr regelmäßig macht, beispielsweise Sport.

6 Falls nicht genug Zeit für den ganzen Lernstoff bleibt, dann überlegt euch, welche Dinge ihr bis zur Prüfung vielleicht mal streichen könnt. Ich finde es zwar immer wichtig, die eigenen Hobbys nicht total schleifen zu lassen und in einer Prüfungsphase nur noch zu lernen, aber mal einen Termin ausfallen zu lassen, weil euch das Stress erspart, ist kein Drama.

7 Neben den Puffertagen, falls man krank wird oder irgendwas sehr Wichtiges dazwischenkommt, hat es mir auch immer geholfen, Wiederholungstage einzuplanen. An den Tagen bin ich noch mal ganz kurz und knapp alle bisherigen Themengebiete durchgegangen. Wenn ich das nicht getan habe, konnte es sonst passieren, dass ich das letzte Thema total gut im Kopf hatte, mich aber absolut nicht mehr daran erinnern konnte, womit ich mich eigentlich am Anfang beschäftigt hatte.

8 Um nicht die Motivation zu verlieren, habe ich beim Lernen gern mal schwerere mit leichteren Themengebieten gemischt. Wenn ich mir also bei Statistik wieder mal wahnsinnig blöd vorkam, war es ein gutes Gefühl zu wissen, dass als Nächstes Entwicklungspsychologie drankommen würde, was mir deutlich leichter fiel.

9 Für die Dinge, die ich mir absolut nicht merken konnte, habe ich mir dann Spicker geschrieben. Nicht, um sie in der Prüfung tatsächlich zu benutzen, sondern um mir einfach noch mal speziell die Inhalte darauf einprägen zu können. Um auch hier ehrlich zu sein: In der Schulzeit habe ich trotzdem gespickt. Die Hülle meines Taschenrechners war vollgeschrieben mit Formeln, in meinem Englisch-Wörterbuch standen die wichtigsten Daten des Amerikanischen Bürgerkriegs, und mein BGB für das Fach »Wirtschaft und Recht« enthielt zwischen den Zeilen so ziemlich alle Hefteinträge der letzten Stunden. An der Uni ließ ich das alles dann aber bleiben. Das lag einerseits daran, das ich bei den Mengen an Stoff wahrscheinlich ein ganzes Spicker-Buch gebraucht hätte und dass die Prüfungen deutlich strenger überwacht wurden. Andererseits war es aber auch, um hier mal wieder pädagogisch wertvoll zu werden, ein sehr viel ehrlicheres und besseres Gefühl, es ohne geschafft zu haben.

10 Ein weiterer Tipp wäre dann noch, schon direkt parallel zum Unterricht mit den Vorbereitungen für die Prüfung zu beginnen. Also z. B. die Vorlesung noch am selben Tag nachzubereiten, die

Mitschriften durchzugehen und die wichtigsten Punkte davon auf Lernzettel und Karteikarten zu schreiben. Das würde dann am Ende dafür sorgen, dass der Berg an Kram, den man vor der Prüfung machen muss, nicht so groß wäre. Der Konjunktiv ist Absicht, denn das ist zwar in der Theorie eine ziemlich praktische Taktik, die bestimmt einiges an Stress vermeidet. Doch ich denke mal, dass die meisten von euch da ähnlich ticken wie ich und auch einfach gern mal eine Weile lang nicht ans Lernen denken und die prüfungsfreie Zeit genießen.

12 DINGE, DIE ICH IN 12 SEMESTERN UNI GELERNT HABE

In der Einleitung habe ich bereits kurz erzählt, dass ich mich aktuell im zwölften (und hoffentlich letzten) Semester meines Studiums befinde. In den letzten sechs Jahren hatte ich also auf jeden Fall genug Zeit, so einige Dinge über die Uni zu lernen, die ich gern mit euch teilen möchte. Mir hätten sie nämlich einiges an Stress erspart, wenn ich sie schon vorher gewusst hätte. Deswegen kommen hier passend zu den zwölf Semestern zwölf Dinge, die ich in dieser Zeit gelernt habe:

1 Uni ist anders als Schule, aber ihr müsst keine Angst davor haben. Ich war damals die Erste aus meiner Familie, die studiert hat, und hatte überhaupt keinen Plan davon, wie der ganze Laden eigentlich funktioniert. Falls ihr auch Nichtakademiker-Kinder seid, kann ich euch deswegen empfehlen, alles an Info-Veranstaltungen mitzunehmen, was geht. Lest vielleicht sogar mal die Unibroschüren mit den supernatürlich posenden Studierenden, die begeistert ihre Bücher, den Hörsaal oder das Mensaessen anlachen. An den meisten Unis gibt es auch extra einen Ersti-Guide, in dem alle wichtigen Infos zusammengefasst sind. Natürlich ist das ein gewisser Aufwand, und nicht alles ist dabei wahnsinnig spannend und wichtig. Doch dafür müsst ihr dann später nicht tausendmal nachfragen. Das stresst nämlich nur, und Stress werdet ihr später ohnehin noch genug mit anderen Dingen haben. Daher ist es also gut, diese Basics zu kennen.

2) Auch wenn ich mich vor einigen Monaten sehr erleichtert von Facebook getrennt habe, hat es mir an der Uni wirklich oft weitergeholfen. In der Ersti-Gruppe eures jeweiligen Studiengangs könnt ihr Fragen stellen, bekommt Hinweise auf (mehr oder weniger) spannende Veranstaltungen und könnt im Zweifelsfall auch mal euren Referatstermin mit jemand anderem tauschen. Gerade wenn euer Nebenjob so unregelmäßig ist wie meiner damals, ist das echt viel wert.

3) Niemand sagt euch, was ihr tun sollt. Alles ist freiwillig, und ihr müsst euch demnach auch selbst in den Hintern treten. Falls euch das manchmal schwerfällt, dann schreibt euch doch mal eine Liste mit Gründen, warum ihr euch für das Studium entschieden habt. Macht euch auch klar, dass euch niemand dazu zwingen kann, diesen Weg zu gehen, und ihr selbst über euer Leben entscheiden könnt. Wenn euch also der Studiengang total unglücklich macht oder ihr vielleicht doch lieber eine Ausbildung machen würdet, dann habt ihr immer die Möglichkeit dazu, euer Fach zu wechseln oder die Uni zu verlassen.

4) Ihr müsst, wenn ihr nicht mehr zu Hause wohnt, selbst kochen, einkaufen gehen, Wäsche waschen und so weiter. Falls ihr also gerade noch zu Hause leben solltet, dann kann ich euch den weisen Rat geben, jetzt so viele Fragen zu stellen wie möglich. Lasst euch erklären, wie man Wäsche richtig trennt, die Gerichte kocht, die ihr besonders gern mögt, und geht alle Schritte mal zusammen durch. Das sagt euch jemand, die sehr oft Nudeln mit Tomatensoße und Tiefkühlpizza gegessen hat und viel zu lang in gräulichen statt weißen T-Shirts herumgelaufen ist.

5 Habt ein bisschen Geduld mit eurem Studiengang. Meist kommen die richtig spannenden Sachen erst in den späteren Semestern, nachdem man all die Grundlagen durchgekaut hat. Dann könnt ihr euch gezielt für die Kurse entscheiden, die ihr spannend findet. Ich hätte am Anfang auch fast meinen Studiengang gewechselt, weil mir die Inhalte zu trocken waren. Ein paar Semester später sah die Welt dann aber schon ganz anders aus.

6 Genauso wichtig wie die richtigen Kursthemen ist es oft auch, die richtige Person zu finden, die sie leitet. Ich habe beispielsweise mal einen Kurs geschmissen, der superspannend klang, weil der Dozent und seine Methoden einfach absolut nicht mein Ding waren.

7 Habt generell keine Angst davor, auch mal einen Kurs zu schmeißen und im nächsten Semester dafür einen anderen zu belegen. Egal, ob es am Thema liegt, an der Person, die den Kurs gibt, oder daran, dass ihr euren Stundenplan zu vollgestopft habt. Ich habe in meiner Unizeit insgesamt drei Kurse doppelt belegt und dadurch viele Dinge gelernt, die mir sonst entgangen wären.

8 Den letzten Satz von Punkt sieben sage ich mir selbst sehr gern, um mich nicht zu doll darüber zu ärgern, dass ich die Studienordnung nicht genau genug gelesen habe. Dann hätte ich nämlich gewusst, dass ich einen Kurs nur dann noch mal belegen musste, wenn ich ihn abgebrochen hatte. Das war bei mir nur einmal der Fall. Die anderen Kurse hatte ich zwar brav jedes Mal besucht, sie dann aber trotzdem noch mal belegt, weil ich es beim ersten Mal nicht geschafft hatte, die dazugehörige Hausarbeit noch im selben Semester zu schreiben. Die Studienordnung hätte mir verraten, dass das überhaupt kein Problem war und ich die Arbeit auch einfach hätte nachreichen können. Aber Achtung: In anderen Studiengängen oder an anderen Unis ist das vielleicht anders. Lest euch den ganzen Spaß also lieber einmal durch, bevor ihr euch zusätzliche Arbeit aufhalst. Das Referat, das ich damals mit Max vorbereitet habe, war übrigens für genau einen dieser unnötig doppelt belegten Kurse. Das nur, um noch ein bisschen mehr Drama in diesen Punkt zu bringen.

9 Vor meinem ersten Referat war ich wahnsinnig nervös, weil ich das Gefühl hatte, es müsste viel umfangreicher und anspruchsvoller sein als alles, was ich jemals in der Schule gemacht hatte. Komplett falsch lag ich damit nicht, denn die Texte zur Vorbereitung waren tatsächlich ganz schön kompliziert, doch die anderen Leute in meinem Kurs wussten es ja auch nicht besser. Die meisten von uns kamen frisch aus der Schule und machten das alles auch zum ersten Mal. Hier hätte ich mir also auch deutlich weniger Stress machen können.

10 Seid geduldig mit euch selbst, wenn nicht alles direkt von Anfang an super läuft. Ich kam beispielsweise regelmäßig zu spät, weil ich s.t. und c.t. verwechselt habe, also die Anfangszeiten der Vorlesungen. 8 Uhr s.t. bedeutet, dass die Veranstaltung um Punkt 8 Uhr losgeht, während 8 Uhr c.t. die gemütlichere Variante ist. Das ist das berühmte »akademische Viertel« und bedeutet, dass die Vorlesung erst um 8:15 Uhr beginnt.
Verlaufen habe ich mich übrigens auch regelmäßig, weil meine Uni ein verwinkeltes Schloss ohne richtigen Raumplan war. In den meisten Fällen ist das kein Drama. Außer man erwischt die Art überkorrekter Dozent*in, die immer erst mal beleidigt aufhört zu sprechen, wenn jemand zu spät den Hörsaal betritt, und einen dann mit vorwurfsvollen Blicken verfolgt, bis man einen freien Platz gefunden und sich hingesetzt hat.

11 Nutzt die Kursmöglichkeiten, die euch an der Uni außerhalb eures eigenen Studiengangs angeboten werden. Ich habe beispielsweise einen Fotografiekurs belegt und hätte von Arabisch bis Vietnamesisch auch so ziemlich jede Sprache erlernen können. Diese Kurse bekommt ihr in der Uni kostenlos, ihr spart

also Geld und bekommt außerdem noch eine weitere gute Möglichkeit, um neue Leute kennenzulernen.

12 Ganz wichtig: Kauft euch auf gar keinen Fall all die Bücher, die am Anfang eines Kurses auf der Literaturliste stehen. Das galt für meine beiden Studiengänge, und ich habe es bis jetzt auch von all meinen Freund*innen so gehört. Wir kamen problemlos ohne aus, da die meisten Texte, die gebraucht wurden, ohnehin im Online-Kurssystem der Uni einsehbar oder in der Bibliothek vorhanden waren. Man kann sich damit also einen Haufen Geld und damit verbunden auch finanziellen Stress sparen. In den zwei Ausnahmefällen, in denen ich für einen Psychologiekurs tatsächlich mal ein Buch brauchte, wurden wir so regelmäßig und bestimmt darauf hingewiesen, dass es garantiert niemandem entgehen konnte.

13 Jaja, ich weiß, ich habe gesagt, dass es nur zwölf Punkte sind, aber wie bei meiner Semesteranzahl macht auch hier einer mehr den Braten echt nicht mehr fett. Daher ist Rat Nummer dreizehn: Stresst euch nicht zu doll mit der Regelstudienzeit. Ich habe das Gefühl, dass ein viel zu großes Drama um dieses Thema gemacht wird. »Oh Gott, was sollen denn die Leute denken? Was soll man denen denn erzählen, wenn sie fragen, warum du immer noch studierst?« Ach, die Leute. Die sollen sich lieber mal um ihr eigenes Leben kümmern, statt sich Gedanken um meins zu machen. Ich komme klar, vielen Dank, und ich gehe den Weg, der sich für mich richtig anfühlt. Übrigens halte ich auch die Angst, mit ein paar Semestern mehr keinen Job zu finden, für völlig übertrieben. Alle Arbeitgeber*innen, mit denen ich bis jetzt über dieses Thema gesprochen habe, sehen das ähnlich, und bis jetzt ist auch noch niemand nach einem Blick auf meinen Lebenslauf schreiend davongelaufen. Stattdessen fanden sie es gut, dass ich schon so früh Arbeitserfahrungen gesammelt habe und mich für viele verschiedene Themen engagiere. Einen anderen Weg zu gehen ist eben genau das. Anders, nicht schlechter.

ABMODERATION

Eigentlich wäre der letzte Satz schon ein wirklich schönes Schlusswort gewesen, doch ich lasse es mir natürlich nicht nehmen, euch noch ein kleines bisschen weiter zuzutexten. Genauer gesagt, möchte ich euch noch kurz etwas zum Thema »Nein sagen« erzählen. Darin bin ich inzwischen ein ganzes Stück besser geworden. Ich habe damit begonnen, bei der Arbeit häufiger nein zu sagen, wenn mich wieder einmal jemand kurz nach meinem Feierabend fragte, ob ich mir noch mal kurz sein Projekt anschauen könnte. Auch wenn die Person natürlich jedes Mal beteuerte, dass es ja »nur eine Minute« dauern würde, wussten wir beide, dass das nicht stimmte und ich dafür mindestens noch eine Dreiviertelstunde länger bleiben müsste. Das würde bedeuten, dass ich nicht wie geplant entspannt nach Hause fahren und dort gemütlich etwas kochen konnte, sondern gestresst und hungrig in meiner Wohnung ankommen würde. Dann würde ich einfach lieblos irgendwas in die Mikrowelle schmeißen, und das tat mir einfach nicht gut.

Daher wagte ich es eines Tages und sagte: »Nein, das schaffe ich heute leider nicht mehr.« Ich benutzte bewusst keine Ausrede, sondern war einfach ehrlich. Statt mir den Kopf abzureißen, akzeptierte die andere Person meine Absage einfach und wünschte mir einen schönen Abend. Auch meine anderen Erfahrungen mit dem Neinsagen waren bis jetzt hauptsächlich positiv. Die meisten Mails konnten tatsächlich mal getrost einen oder zwei Tage länger liegen bleiben, und noch hat mich auch niemand aus meinem Freundeskreis aus seinem oder ihrem Leben geschmissen, nur weil ich mal nicht direkt auf WhatsApp zurückgeschrieben habe.

Ich lernte, dass es viele verschiedene Varianten von »nein« gab. Einmal natürlich das Wort an sich, aber wenn sich das in der jeweiligen Situation zu hart oder unpassend anfühlte, dann konnte man stattdessen beispielsweise auch auf folgende Sätze zurückgreifen: »Gerade ist das zeitlich für mich nicht möglich, aber ich freue mich, dass Sie an mich gedacht haben. Bei der nächsten Gelegenheit bin ich gern dabei« oder auch »Ich schaffe das momentan leider nicht, aber ich kann jemanden empfehlen, der das bestimmt gern an meiner Stelle machen würde«.

Was die Sache mit der Zukunftsangst angeht, hat mein Kopf glücklicherweise bis jetzt noch nicht recht behalten. Ich lebe also, obwohl ich häufiger nein sage, nicht unter der Brücke, sondern habe eine Wohnung, in der ich mich sehr wohlfühle, einen Job, den ich wirklich gern mache, und die Menschen um mich herum kann ich auch ziemlich gut leiden. Ich würde also sagen, der Laden läuft. Ich habe zum Thema Zukunftsangst in den letzten Jahren gelernt, dass ich mir viel zu oft Sorgen über Dinge gemacht habe, die in dem Moment noch gar nicht relevant waren. Ganz im Gegenteil, sie lagen nicht einen oder zwei, sondern gefühlt noch tausend Schritte vor mir. Sich am ersten Unitag schon den Kopf darüber zu zerbrechen, was man wohl nach dem Bachelorabschluss mit seinem Leben anfangen soll, muss einfach nicht sein. Das gilt übrigens auch dann, wenn man im Gegensatz zu mir keine »Miss-12-Semester« ist.

Ein Spruch, der mir bei diesem ganzen Thema erstaunlich gut geholfen hat, kommt von Newt Scamander, einem Charakter aus dem Harry-Potter-Universum: »Worrying means, you suffer twice.« Er hat absolut recht damit. Mir Sorgen zu machen bedeutete in den meisten Fällen wirklich einfach nur, unnötig zu leiden. Das sollte jetzt nicht bedeuten, dass ich zukünftig einfach völlig bedenkenlos durch die Weltgeschichte spazieren und mir über nichts mehr Gedanken machen wollte. Dieses Motto galt eher für Gedankenspiralen, aus denen ich nur schwer herauskam und die ähnlich unproduktiv waren wie das Zählen der Punkte auf meiner Raufasertapete. Vielleicht kann er euch ja auch weiterhelfen. Ich freue mich jedenfalls sehr, dass ihr dieses Buch bis hierhin gelesen habt, und wäre sehr dankbar über euer Feedback.

DANKSAGUNG

An dieser Stelle möchte ich mich gern bei ein paar lieben Menschen für ihre Unterstützung bei diesem Buch bedanken. Einen selbst gebackenen Schokokuchen haben Aron und Max bei mir gut, weil sie immer ein offenes Ohr für mich hatten. Das gilt auch für Boris und Lena von 2nd Wave, die mir beim Schreiben den Rücken freigehalten haben. Ein großes Dankeschön geht außerdem an Jana und Maria für die tollen Gastbeiträge, an Katharina, Jacqueline und Juliane vom Fischer Verlag für die gute Zusammenarbeit und an die »Villa Vegana«, bei denen ich ganz in Ruhe schreiben konnte. Danke auch an Ella für all ihre hilfreichen Tipps, die ich hier ja auch zu einem Teil an euch weitergeben konnte. Ach ja, und meinem Teddybären Günther möchte ich an der Stelle auch gern danken. Ich finde, nach fast 25 Jahren treuer Freundschaft hat er echt mal eine nette Erwähnung verdient.

HILFSSEITE

Nummer gegen Kummer

Egal, ob es um Ängste, Überforderung in der Schule, Depressionen, Essstörungen, Probleme mit der Familie oder mit Freund*innen geht – die Mitarbeiter*innen der Nummer gegen Kummer nehmen euch ernst. Sie beraten euch, und ihr überlegt gemeinsam, wie euer Problem gelöst werden kann. Die Nummer gegen Kummer erreicht ihr unter der Nummer **116 111**. Falls ihr nicht so gern telefoniert, gibt es auf der Website **www.nummergegenkummer.de** auch eine Online-Beratung.

JugendNotmail

Falls ihr unter 19 Jahre alt seid, könnt ihr das Angebot der Jugend-Notmail nutzen. Auf der Website **www.jugendnotmail.de** gibt es Einzel-Online-Beratungen, Chats und Foren, u.a. zu den Themen Angst, Depressionen, Selbstverletzung und Essstörungen.

Für die Tage, an denen Schokokuchen doch hilft, ist hier das Rezept von Mama Laurent:

- 100 g Margarine
- 3 Eier
- 100 g Zucker
- 1 Päckchen Vanillezucker
- 50 g Mehl
- 2 TL Backpulver
- 75 g gemahlene Mandeln
- 100 g Zartbitterschokolade
- 1 Päckchen Schokopuddingpulver
- 100 g Zartbitterschokolade für den Guss

Falls ihr euch vegan ernährt, könnt ihr die Eier z. B. durch 3 EL Apfelmus ersetzen. Die meisten Zartbitterschokoladensorten sind vegan. Veganes Schokopuddingpulver bekommt ihr in gut sortierten Supermärkten oder im Bioladen.

Zartbitterschokolade klein schneiden oder auf einer Küchenreibe reiben. Margarine in einer Schüssel geschmeidig rühren. Zucker, Vanillezucker und Eier unter Rühren hinzugeben. Geriebene Schokolade, Mehl, Backpulver, Schokopuddingpulver und Mandeln hinzugeben und unterrühren. Teig in die Backform geben und glatt streichen. Bei 180 Grad für etwa 40 Minuten in den Ofen geben.

Für den Guss 100 g Zartbitterschokolade schmelzen und den abgekühlten Kuchen damit bestreichen.